제법 괜찮은 사람이 되어가는 중입니다

제법 괜찮은 사람이
되어가는 중입니다

1쇄 발행 2022년 6월 24일
3쇄 발행 2023년 12월 12일

지은이 권지현

펴낸곳 책과이음
출판등록 2018년 1월 11일 제395-2018-000010호
대표전화 0505-099-0411 **팩스** 0505-099-0826
이메일 bookconnector@naver.com
Facebook · Blog /bookconnector
Instagram @book_connector

ISBN 979-11-90365-38-3 03300

책값은 뒤표지에 있습니다.
잘못 만들어진 책은 구입하신 서점에서 교환해드립니다.

책과이음 • 책과 사람을 잇습니다!

제법 괜찮은 사람이 되어가는 중입니다

어느 지방 방송작가가 바라본
노동과 연대에 관한 작은 이야기

권지현 지음

책과이음

지방 방송작가

일의

기쁨과 슬픔

"한 달에 얼마 벌어요?"

어느 중학교 2학년 학생들을 대상으로 직업을 소개하는 강의를 나갔다. 그때 궁금한 게 있으면 물어보라는 나의 말에 대뜸 돌아온 질문이다. 뭐라고 얘기를 해야 할까. 먹고살 만큼 번다고 할까, 그냥 벌 만큼 번다고 할까, 구체적인 액수를 이야기해야 하나, 사실은 돈이 되는 일이 아니라고 정직하게 말해야 하나. 순간 오만 생각이 오갔지만 고민의 이유는 하나였다. 금액이 밝혀지는 순간 내 일의 가치도 딱 그것만큼만 평가될까 봐 걱정이 되었다. 셈이 빠르고 손익에 밝은 요즘 아이들에게 일의 가치는 통장에 찍힐 동그라미 숫자 그 이상도 그 이하도 아니게 될까 봐서.

스물셋, 방송작가를 시작할 때 20년 뒤에도 내가 방송작가를 하고 있을 것이라고는 상상도 하지 못했다. 미래를 꿈꾸기엔 지역 방송 사정이 너무나 열악했다. IMF로 위축된 경제는 좀처럼 살아나지 않았고, 노동에 대한 대가는 미미했고, 노동의 가치 또한 제대로 인식되지 않던 때였다. 다만 '일할 수 있는 것만으로도 고마워하라'가 명제이던 시절, 프리랜서였던 방송작가는 어떤 대우를 당해도 받아들이고 고마워해야만 하는 존재였다. 그래서였을까. 내가 방송작가를 시작하면서 축하와 동시에 가장 많이 들었던 말은 "그만둘 수 있을 때 빨리 그만두라"는 거였다. 그러나 난 그만두지 않았고, 지금까지도 방송 글로 밥을 먹고 있다.

생각해보면, 내가 방송작가를 그만두지 않았던 이유는 선배들이 이 일을 그만두라고 충고했던 이유와 다르지 않았다. 선배들은 방송일이 매력적이지만 처우와 노동환경이 열악하니 그만두라고 했고, 나는 방송일이 매력적이어서 처우와 노동환경이 열악해도 그만두지 않았기 때문이다.

실상 지금도 방송작가의 근로 환경은 그다지 우수한 편이 되지 못한다. 노동 시간이 밤낮을 가리지 않는 것은 물론이고, 잦은 밤샘 작업으로 규칙적인 생활은 꿈도 꿀 수 없으며, 명절과 공휴일에 오히려 더 바쁘게 일해야 하는 상황인데도 초과근무 수당이나 야근 수당 등 추가 급여가 없다. 거기다 봄가을 6개월 개편 단위로 인한 해고의 불안까지 안고 살아가야 한다.

하지만 방송은 다른 곳에서는 볼 수 없는 여러 삶의 모습을 가르쳐주었다. 적어도 나에게는 그랬다. 빠듯한 살림에 자식들 키워내느라 억척을 떨어야 했던 어머니의 삶을 응시하게 하고, 철탑에 올라갈 수밖에 없는 노동자의 어려움을 들여다보게 하고, 무거운 책가방이 아래로 쏠려도 꿈을 생각하면 자꾸만 하늘을 바라보게 되는 학생들의 맑은 눈동자를 떠올리게 하며, 보이지 않지만 각자의 자리에서 최선을 다하는 숭고한 모든 삶을 헤아려보게 했다.

타인의 삶을 생각하는 일은 자연스럽게 내 삶에 대한 사유로 이어졌다. 그 사유는 다시 세상을 향한 시선으로 확장되었고, 그러고 나면 어떤 삶도 허투루 생각할 수 없었다. 그 누구의 삶도 그 어떤 일도 감히 함부로 판단하지 못하며, 세상의 모든 삶이 그 자체로 가치 있음을 깨닫게 되었다. 그런 배움과 깨달음을 나는 방송일을 하며 얻었다.

요즘 많은 곳에서 방송작가를 비롯한 방송미디어 비정규직 노동환경에 대한 개선 요구의 목소리가 사회적으로 쏟아져 나오고 있다. 방송작가라는 직업도 그 가운데 하나다. 하지만 처우가 좋지 않다고 해서 일의 가치와 보람도 가벼울 것이라 생각하는 것은 어리석은 오해다. 생각보다 많은 사람들이 처우와 관계없이 일에 대한 보람과 소신만으로 노동을 하고 있다.

말이 길어졌는데, 그러니까 나는 그런 이야기를 하고 싶었다. 이를테면 방송작가라는 직업의 기쁨과 슬픔에 대해. 방송작가로 살면서 나는 철이 들었고, 세상을 보는 나만의 시선이 생겼다. 누가 그러던데, 어떤 시선을 가진다는 것은 한편으론 완고해진다는 뜻이라던가. 그런 시선을 가지고 나니 하고 싶은 이야기가 많아졌다. 시간의 제약이 있는 방송 원고만으로는 성에 차지 않았다.

이 책은 그렇게 가슴속에 쌓인 이야기를 쏟아내듯 쓴 것이다. 지방에서 방송작가로 살아가면서 느낀 기쁨과 슬픔, 그속에서 작가로서 성장한 순간들, 한 사람으로서 제법 괜찮게 살아가려 노력한 일들을 그러모았다. 모든 순간 잘했다, 최선을 다했다 확신할 수는 없으나 돌아보니 기특한 구석이 있긴 하다. 많이 서툴렀고, 지금도 서투르지만, 다만 제법 괜찮은 사람이 되어보려 고군분투했던 날들의 기록이라고 생각한다. 그런 서투름도 삶의 한 부분일 테니 너그러운 이해를 바라며, 여전히 확신에 차지 않는 미래로 고민하고 눈앞의 일들로 분투하는 모든 일하는 사람들에게 공감으로 가닿기를 바란다. 그리고 앞으로도 제법 괜찮은 사람이 되도록 노력해보겠다는 다짐을 전한다.

차례 ●

PART 2

삶은 때로 행복하고 때로 견뎌내는 것

PART 3

노동과 연대의 가치를 생각하며

epilogue

1
part

+

방송국의 시간은 거꾸로 흐른다

+

어쩌다

그냥

되는 일은 없다

나의 사춘기는 라디오와 함께했다고 해도 과언이 아니다. 내가 중고등학교에 다니던 1990년대는 그야말로 라디오 춘추 전국시대였다. 〈별이 빛나는 밤에〉를 비롯해 〈밤의 디스크 쇼〉와 〈유영석의 인기가요〉 〈하이틴〉 〈꿈과 음악 사이에〉 등 등 쟁쟁한 프로그램도 많았다. 청소년이라면 모름지기 저녁 8시 이후에는 TV보다 라디오였다.

내가 살고 있는 곳은 지방이라 서울에서 내보내는 라디오 프로그램을 모두 들을 수 있는 건 아니었다. 그래서 나는 이

문세의 〈별이 빛나는 밤에〉를 제대로 들어본 적이 한 번도 없다. 지역에서는 몇몇 프로그램을 지역 방송 자체 제작으로 대신하곤 했는데, MBC라디오의 〈별이 빛나는 밤에〉도 그 가운데 하나였기 때문이다. 하지만 〈별이 빛나는 밤에〉는 그 이름만으로 빛났으므로 내가 사는 곳에서도 청소년들 사이에 뜨거운 인기를 끌었다.

그런 인기를 뚫고 한번은 프로그램에 직접 참여한 적이 있다. 정확히 기억은 나지 않지만, 사연이 채택되면 전화 연결을 해서 진행자 대신 사연을 직접 읽는 코너였는데, 그러니까 일일 디제이가 되는 셈이었다. 운 좋게도 무수한 경쟁률을 뚫고 당첨의 행운을 얻은 나는 전화 연결을 하는 5분여 동안 얼마나 긴장을 했는지, 식은땀을 한 바가지나 쏟으며 내가 쓴 글을 읽어 내려갔다. 그런가 하면 〈유영석의 인기가요〉에는 유영석 자신이 직접 쓴 원고를 읽는 시간이 있었는데, 그때 나는 그걸 매일 녹음해 일기장에 받아 적었다. 일상을 바라보는 유영석의 따뜻한 시선과 삶에 관한 이야기가 너무도 좋았다. 그의 말들은 하루하루 흔들리던 열일곱 살 나를 엇나가지 않도록 잡아주었다.

그렇게 라디오를 붙잡고 학창 시절을 보낸 나는 자연스럽게 피디도 아니고 디제이도 아니고 작가가 되면, 그것도 라디오 작가가 되면 참 재미있겠단 생각을 했던 것 같다.

그러나 지방에서 방송작가 되기란 낙타가 바늘구멍을 통과하고, 모래밭에서 바늘을 찾고, 달걀로 바위를 깨뜨리는 일과도 같았다. 그만큼 시험이 어렵다거나 아무나 못 하는 일이어서가 아니라, 길도 방법도 알려지지 않은 완전히 새로운 분야였기 때문이다. 물론 당시에도 방송작가가 없진 않았지만 지원 방법도 그런 직종이 있다는 것도 구체적으로 알려진 바가 없었다. 공식적인 채용이나 모집도 없었다. 그러므로 결국 지방에서 방송작가가 되는 길은 없는 거나 마찬가지였다. 물론 지금이라고 별반 다르지 않지만, 그때는 더더욱 생소한 직종이었다.

그나마 서울에 있던 방송아카데미가 방송사 입문 코스로 알려져 있긴 했지만, 지방에서 대학을 다니고 있던 나는 여러 가지 사정상 그곳에 지원할 형편이 못 됐다. 그렇다고 포기할 순 없었다. 모 아니면 도, 꿩 아니면 닭이라고 내가 있는 곳에도 방송사가 있으니, 그곳부터 시작해보자고 마음먹었다.

우선 지역 공중파 3사 홈페이지를 모조리 뒤졌다. 라디오 방송 프로그램의 피디와 작가의 이메일 리스트를 만들었고, 한 명 한 명에게 이메일을 보냈다. 나는 방송작가를 꿈꾸는 학생이며 그 꿈을 위해 지금 노력하고 있는 중이니 기회를 주면 감사하겠다는 내용이었다. 지금 생각해보면 맨땅에 헤딩하기에 가까운 막무가내식 들이댐이었지만 간절하면 통한다고 했던가. 한 방송사의 작가에게서 연락이 왔다.

라디오 프로그램 작가라 밝힌 그녀는 나의 정성이 갸륵해 보였는지, 괜찮다면 내가 쓴 습작 원고를 봐주겠다고 했다. 그리고 방송사는 얼굴을 비치고 안면을 트는 것이 중요한 곳이므로, 시간이 나면 놀러도 자주 오라고 배려했다.

그날부터 나는 연습 원고를 쓰기 시작했다. 물론 써서 보낸 원고에 빨간 줄이 수없이 쳐진 채 다시 돌아오기가 반복됐지만, 어쩌다 간혹 수정을 거친 원고가 한 번씩 방송 오프닝으로 나오기라도 하는 날은 온종일 하늘을 나는 기분이었다. 작가 언니와 나만 아는 그런 비밀 암호 같았달까.

그렇게 수개월이 흐른 어느 날, 내가 사는 지역에서 (이제는 마지막이 된) 방송작가 공개 모집 공고가 떴다. TV 구성작가 모집이었다. 지역이라곤 하지만 방송사에서 일할 수 있는 기회가 공식적으로 주어지는 일은 아주 드물었기 때문에 최선을 다해 구비서류를 작성해 제출했다. 그리고 1차 서류전형 합격 소식을 들은 날부터 지역 일간지라는 일간지는 다 모아서 읽기 시작했다. 전국 이슈와 지역 이슈, 정치, 경제, 사회, 문화 분야별 이슈를 정리해 달달 외웠다. 지역 방송사 프로그램도 모조리 모니터링해 장단점을 나름대로 분석했다. 그리고 최대한 단정한 차림으로 면접을 본 나는 밤낮없이 일하겠다는 결의를 보이며 합격의 문을 통과했다.

그렇게 나는 꿈에 그리던 방송작가가 되었다. 한때 그렇게 생각했던 적이 있다. 어쩌다 보니 방송작가가 되었다고. 운이 좋았을 뿐이라고. 하지만 돌이켜 생각해보면 어쩌다 보니 그저 됐다고만은 할 수 없는 시간들이 있었다.

새 학기 교과서를 받으면 국어책 제일 뒤쪽에 실려 있는 문학작품부터 읽을 만큼 책을 좋아했고, 용돈이 모자라 도서대여점에서 빌려 읽어야 했던 책을 필사하는 일은 자연스럽게 문장의 구조를 연습하는 과정이었다. 라디오를 좋아하고 그 말들을 받아 적은 일이 습작이 됐고, 작가가 된 이후 매일 써야 했던 글은 디딤돌이 되고, 주춧돌이 되고, 기둥이 되면서 하루하루 나의 필력을 더해주었다.

그저 그냥 어쩌다 되는 일이란 없다. 15년, 그리고 중간에 쉬면서 이것저것 기고하던 시기까지 더하면 20년. 무언가를 쓰는 일만 20년을 하고 나니 그 세월과 시간이 나의 스펙이자, 경력이자, 이력이 됐다. 내가 지나온 삶이 나의 이력이라면, 지금의 이 순간도 나의 이력이 될 것이다.

사실 우리는 지겨운 시간을 산다. 많은 사람이 매일 같은 시간에 같은 일을 반복하며 '아유~ 지겨워 증말~'이라는 드라마 대사 같은 말을 입에 달고 산다. 그렇지만 그 지겨움도 인이 박이면 어느 날 '숙련'과 '노련'이라는 실력이 되고, 그 실력은 우리에게 다른 시작의 가능성을 열어줄 주춧돌이 될지 모른다. 나 또한 어제도 오늘도 내일도 매일 오프닝 원고를 써야 하는 시간들이 때로는 지겹도록 싫증나기도 한다. 그렇다고 '하루쯤 대강 쓰면 어때'라고 가볍게 생각하지 않는다. 그렇게 최선의 시간을 쌓아가는 것. 그것이 지금 내가 할 수 있는 내 미래를 위한 최고의 설계라 생각한다.

빼앗긴 들에도
봄은 오는가

방송작가로 살아간다는 건 남과는 조금 다른 시계를 갖고 있다는 말로도 설명할 수 있다. 대부분의 사람은 낮에 일하고 밤에 쉬며, 여름에는 휴가를 가고 연말연시에는 수많은 약속을 챙기며 들뜬다. 하지만 방송작가는 평일과 주말이 뒤바뀌는 건 다반사요, 여름에는 휴가 기간 특집 방송을 다 끝내야 어디라도 갈 수 있으며, 연말연시에는 개인적인 약속은 꿈을 꿀 수도 없을 만큼 스케줄이 빽빽하게 잡힌다. 한마디로 여느 사람들이 보내는 일상의 패턴과는 반대로 움직인다.

TV든 라디오든 전기가 끊기지 않는 이상 방송은 틀면 언제든 나온다. 그렇다면 당연히 그 방송을 만드는 사람들이 존재해야 하고, 뉴스나 실시간 정보 프로그램 등 필수로 생방송으로 진행할 수밖에 없는 프로그램 특성상 방송국에 늘 누군가는 상주하고 있어야 한다는 말이 된다. 그게 아니라면 주말 프로를 위해 주중에 더 많은 일을 해서 우선 제작을 해놓은 뒤 쉬어야 한다. 만약 주말 프로그램을 따로 담당하는 작가가 있다면, 그 사람은 주말이 평일이 되고 평일이 주말이 된다. 하지만 라디오 프로그램의 경우 때때로 주말 분량을 사전 녹음으로 제작할 수 있는 편의가 주어지기도 한다. 그 말은 곧 주중에 주말 분량까지 모두 제작해야 하고, 5일 동안 7일 분량의 원고를 써내야 한다는 뜻이다. 내 경험상, 이 상태로 2년 정도를 지속하다 보면 머릿속이 텅 비고 반쯤 넋이 나가게 된다.

문제는 공휴일이다. 어쩌다 주중에 하루 있는 공휴일은 어찌어찌 넘어간다지만, 공휴일과 주말이 퐁당퐁당 엮여 황금 같은 연휴가 된다거나, 유난히 명절 연휴가 길 때는 비상이 걸린다. 연휴가 길어지면 게스트로 채워지던 코너가 줄줄이 펑크가 나기 때문이다. 이 경우 미리 스케줄을 조정해 녹음을 해두거나, 그마저도 여의치 않을 땐 생방송으로 전화 연결을 해야 하는데, 이도저도 되지 않을 땐 특별 게스트를 새롭게 섭외해야 한다. 열에 여덟은 놀러 간다는 휴가 기간에 아무 일정이 없다는 그 두 사람을 찾아내거나, 전 국민이 명절을 쇠러 고향집에 가는 시기에 하필 일 때문에 집에 가지 못하는 그 누군가에게 명절 아침에 전화 연결이라도 할 수 있도록 협조해달라고 요청해야 한다.

연휴 기간이 되면 남들은 비행기 표 알아보느라 전화에 불이 난다는데, 방송작가들은 아이템을 채워 넣고 게스트를 섭외하느라 손에서 전화기 놓을 새가 없다. 그렇게 했는데도 못 찾으면 어떻게 하냐고? 이쯤에서 방송작가는 '신의 손'을 갖고 있다고 해야 할 것 같다. 내가 아는 한, 작가의 능력 부족으로 출연자를 찾지 못해 방송이 펑크 나는 일은 단 한 번도 없었다.

계절적 요소는 또 다른 바쁨의 조건이 된다. 봄은 봄이라서, 여름은 여름이라서, 가을은 가을이라서, 겨울은 겨울이라서 바쁘다.

연중 날씨가 가장 좋다는 봄가을은 바야흐로 축제의 계절
이다. 이 계절이 되면 방송은 지역마다 사방팔방 축제 소식
을 전하느라 바빠진다. 특산물 축제, 지역 문화 축제 등등 온
갖 축제를 위해 축제의 주체와 지역자치단체장들이 방송을
찾고, 방송도 축제 현장을 찾는다. 남들은 나들이 가서 여유
를 즐기기 위해 축제를 찾는다지만, 방송작가는 일을 위해
바쁘게 축제를 찾는다. 이렇듯 좋은 날씨도 바쁨의 조건이
되지만, 또 궂은 날씨는 궂은 날씨대로 방송작가를 긴장하게
한다.

궂은 날씨 하면 기억나는 일이 하나 있다. 때는 바야흐로
2003년 9월, 태풍 '매미'가 한반도에 들이닥쳤을 때의 일이
다. 여름 느지막이 태풍이 찾아오는 일은 그전에도 왕왕 있
어왔기에 놀랄 일은 아니지만, 그해만큼은 상황이 달랐다. 가
족들과 처음으로 제대로 된 휴가를 떠나 있었기 때문이다.
당시 TV 아침 프로그램을 맡고 있던 나는 매일 아침 생방송
때문에 단 한 번도 명절을 제대로 챙겨서 쉴 수 없었는데, 그
동안의 노고에 대한 보상이었는지 어쨌는지, 그해만큼은 본
부장님과 국장님의 통 큰 허락으로 특별히 추석 연휴 3일을

녹화방송으로 진행하게 되었다. 그 녁분에 10어 명의 아침방송 제작진은 연휴 시작과 동시에 전국 각지 저마다의 고향으로 명절을 보내러 떠났다. 나 또한 가족과 함께 경북 영주 휴양림으로 여행을 떠났다.

하지만 문제는 궂은 날씨였다. 휴양림에 도착하기 전부터 부슬부슬 내리던 비는 오후로 접어들수록 줄기가 굵어졌고, 바람의 세기 또한 거세졌다. 뉴스에서는 태풍 '매미'가 다가오고 있음을 시시각각 전하고 있었는데, 크기가 중형급 이상이라고 했다. 그때부터 나도 모르게 자꾸만 휴대전화가 신경 쓰이기 시작했다. 이대로 상황이 지속된다면 방송국에서 호출이 올 것이었다.

슬픈 예감은 언제나 그렇듯 틀리지 않는다. 결국 저녁을 지날 무렵 방송국에서 전화가 왔다. 지금 당장 방송국으로 와줄 수 있냐는 거였다. 이미 다른 피디와 작가, 촬영팀은 원주에서, 서울에서, 안동에서, 일제히 다시 방송국 호출을 받고 오고 있는 중이며, "지금 이곳은 전쟁터가 따로 없다"고 전했다. 폭우에 하천이 범람하고, 강풍에 간판이 떨어져나가고 가로수가 부러졌으며, 그 와중에 간신히 대구에 도착한 제작진들은 범람한 하천 때문에 방송국으로 곧장 오는 길이 막혀 먼 길을 돌아 돌아서 와야 했다면서. 게다가 분장팀은 결국 방송국으로 오지 못해, 작가들과 리포터들이 각자 화장품을 꺼내 출연자들 분장을 대신 하는 상황이라고 했다.

나는 당장 돌아갈 수 없었다. 나 하나 때문에 온 가족이 휴가를 포기하고 다시 밤을 달려 돌아갈 수 없었고, 그보다도 열 명이 넘는 제작진 가운데 나 하나 없다고 한들 어떠랴 싶었기 때문이다. 이렇게 갑작스러운 상황에 못 오는 사람도 있을 수 있지 않은가. 다행히 원주에서 달려왔다는 팀장님은 이런 상황을 이해하고, 다음 날 돌아오는 대로 출근하라고 명했다. 하지만 그렇게 선뜻 별말 없이 나를 남겨두었던 건 다 생각이 있어서였음을 다음 날 출근해서야 알게 되었다.

산업예비군, 그러니까 나는 잉여 인력이었던 것이다. 모든 제작진과 작가들이 전날 밤을 새우며 방송을 할 수 있었던 것도, '즉시 투입 가능한 생생한 작가' 한 명을 남겨두었기에 가능했다. 대구경북 지역에 사상 최악의 피해를 안겨주었던 악명 높은 태풍이었기에 방송해야 할 소식도 많았고, 그 때문에 갑작스레 전국 생방송으로 진행해야 하는 재난방송 스케줄까지 잡혔지만, 그 어떤 고민도 없이 당언하게 내가 도맡아 하는 것으로 결정이 났다. 나는 힘들다는 말도, 못 하겠다는 말도 하지 못하고, 그길로 밤을 새워서 원고를 쓰고, 피폐해진 몰골로 중계차를 타고 피해 현장으로 나갔다. 역시 달콤한 열매 뒤에는 대가가 따르는 법이다.

이렇게 써놓고 보니 도대체 안 바쁠 때가 언제인가 싶다. 그런데 그런 게 방송일이고, 아마 대부분의 방송작가들 또한 그게 좋아서 이 바닥에 남아서 일하고 있는지 모르겠다. 모든 사건 현장의 최일선에서 무언가를 해낸다는 보람과 바로바로 피드백이 되는 시청률과 청취율에서 느껴지는 희열, 그리고 이 사회에 조금이나마 역할을 하고 있다는 긍지. 이런 것들이 고된 업무 강도를 덮어주고 있는 것 아닐까. 국방부 시계는 거꾸로 걸어놔도 똑바로 돌아간다는데, 방송국의 시계는 똑바로 매달아놔도 자꾸만 거꾸로 가는 이유가 바로 이것일지도.

특별할 때 더 특별하게 움직이는 방송국의 시계는 코로나19로 인해 다들 몸을 사리고 재택근무를 권장하는 등 모든 것이 멈춘 듯 보이는 지금도 그 어느 때보다 바쁘게 돌아가고 있다. 내가 일하는 곳이 이제는 TV 제작국이 아닌 라디오 제작국이어서 그나마 작가가 신경 써야 하는 잡다한 일은 조금 줄었지만, 그럼에도 이렇게 사회적으로 비상 상황이 되면 자동으로 신경이 곤두선다. 시시각각 바뀌는 상황에 촉각을 곤두세우고 매일 정례 브리핑을 체크하고, 정부의 정책과 사회 분위기를 확인하는 등 평소보다 더 바쁘게 움직이며 모든 정보를 원고에 담아내야 하기 때문이다. 거짓말 조금 보태 하루에 열두 번도 더 바뀌는 방송 구성 때문에 어깻죽지가 나갈 지경이다.

하지만 빼앗긴 들에도 봄이 오듯, 언젠가는 코로나19 사태가 진정되고 다들 바쁜 일상으로 돌아갈 것이다. 그때가 되면 나의 이 바쁜 업무 시계는 반대로 조금 여유로워지겠지. 지금으로선 하루빨리 나의 시계가 느려지길 기대할 뿐이다.

말로 하면
눈물부터 나서

내가 글이란 걸 써보기 시작한 게 언제였을까. 내 기억으로 나에겐 '글'과 관련한 두 번의 수상 경력이 있다. 첫 번째는 초등학교 6학년 때 여름방학 숙제 글짓기 부문에서 금상을 받은 일이고, 두 번째는 고등학교 2학년 때 교내 백일장에서 시 부문 장려상을 받은 일이다.

초등학교 6학년 여름, 엄마는 나와 열한 살 차이가 나는 늦둥이 막냇동생을 낳았다. 엄마는 두 달간 외가에서 산후조리를 했는데, 처음 한 달이 지났을 즈음 아버지를 따라 엄마와 동생을 보러 갔다. 지금도 기억나는 건, 동생이라고 아랫목에 눕혀져 있는 아기가 내가 상상한 그런 동글동글한 예쁜 모습이 아니라 초록빛을 띠는 정수리 뾰족한 낯선 생물체 같았다는 것, 엄마와는 별말을 주고받지 않았지만 돌아오는 차 안에서 멀어져가는 엄마를 보며 나도 모르게 조용하게 목구멍에서 울음이 터졌다는 것이다. 그리고 그때의 경험을 써서 글짓기 부문 금상을 받았다.

고등학교 2학년 때 쓴 글은 목적이 분명했는데, 순전히 좋아하던 문학 선생님에게 잘 보이고 싶어서 온갖 머리를 쥐어짜내서 쓴 글이기 때문이다. 있어 보이려고 한자까지 섞어서 쓴 그 시는 나에게 장려상을 쥐여주었다.

그런데 흥미로운 건 초등학교 6학년 때 쓴 글은 무슨 내용이었는지 기억나지만, 그보다 시간적으로 더 가까운 고등학교 때 백일장에 써낸 시는 무슨 내용이었는지 도무지 기억이 나지 않는다는 사실이다. 누구에게도 말하지 못했던 생생한 느낌과 서러웠던 마음을 자연스럽게 풀어내서 표현한 글과 목적을 가지고 가슴이 아닌 머리로 억지스럽게 만들어낸 글의 차이인 것일까.

생각나건 나지 않건 학창 시절 그 두 번의 '상■'이 내 글쓰기 인생에 연역적으로 증명되는 일인지 귀납적으로 설명되는 일인지는 모르겠으나, 다만 지금 내가 글을 쓰는 일을 직업으로 삼고 있다는 것은 엄연한 사실이다.

그런가 하면 내 생애 최악의 글도 있다. 고등학교 때 나는 아버지에게 장장 일곱 장에 달하는 편지를 썼다. 나의 아버지는 칠팔십 년대를 부지런히 지나온 전형적인 가부장적 인간형으로, 그러한 가부장적 관습에 젖어 자기 기분을 가감 없이 드러내던 분이었다. 아버지의 기분이 곧 그날 우리 집안의 분위기였다. 남자 나이 마흔을 넘어가며 가부장의 위악과 패악이 가장 극으로 치달을 때, 나는 안타깝게도 중학교와 고등학교를 다니고 있었고, 사춘기의 허약한 마음은 아버지의 행동으로 인해 많은 상처를 입었다. 비록 당신은 의도하지 않았다 하더라도.

보다 못한 나는 아버지에게 편지를 썼다. 기억하는 한 잘못되었고, 부당했고, 받아들일 수 없었던 일에 대해 조목조목 나의 생각을 적었다. 그리고 한집에 살았지만 차마 손으로 전할 수 없어 우편으로 발송했다. 생각해보면 그건 열일곱 살 나의 처절한 호소였다. 아버지가 가정 내에서 자행한 유무형의 폭력에 저항하기 위한 최소한의 행동이었고, 최대한의 용기였다.

그러나 그 편지는 아버지 손에 들리는 순간 딸이 자신에게 편지를 보낼 정도로 좋은 아버지임을 자랑하는 수단으로 가볍게 치환됐다. 나의 의도와는 전혀 상관없이 아버지 의도대로 해석돼버린 것이다. 그렇게 나의 세계는 조금의 힘도 쓰지 못한 채 무력화되었고, 이후 아버지에게 꼭꼭 눌러 쓴 일곱 장의 편지는 아버지에게 보내는 마지막 편지이자, 내 생애 최악의 글로 남았다.

생각해보니 마음이 부대끼면 나는 늘 모른 척 입을 닫았다. 마음이 범람하면 입을 떼기 힘들다. 작은 구멍 하나로 둑이 무너지듯, 입을 떼는 순간 말보다 마음이 먼저 무너져 내리기 때문이다. 입을 닫았다고 해서 침묵한 것은 아니다. 의식적으로 시답잖은 농담을 하며 나의 불편한 마음을 짓눌러 왔다고 하는 편이 더 정확하다. 그래서 난 어디를 가나 늘 유쾌한 사람, 수다스러운 사람으로 평가받곤 했다.

하지만 정작 하고 싶은 말이나 해야 할 말은 직접 전하지 못했다. 그래서 썼다. 말로 하면 눈물부터 나서 하지 못할 말을 또박또박 조사 하나 빠뜨리지 않고, 빼곡히. 편지로도 쓰고 일기로도 썼다. 어렵고 복잡한 수학 문제를 부여잡고 힘들어도 찬찬히 순서대로 풀어가다 보면 어느새 정답이 보이는 것처럼, 나에겐 글쓰기가 그러하다. 뭔지 모르게 불편하고 서러운 마음을 한 글자 한 글자 풀어서 쓰다 보면 감정의 원인과 결과가 도출되고 때로는 해결 방법까지 찾게 된다.

글을 쓰는 일은 누구나 할 수 있지만 아무나 하지 않는다. 아파서 고통스럽고, 부끄러워서 수치스럽고, 치욕스러워 두렵기까지 한 기억을 끄집어내야 하기 때문이다. 하지만 그런 감정의 밑바닥까지 건드리는 글쓰기를 통해 우리는 더 이상 아프지 않고, 부끄럽지 않으며, 그래서 좀 더 괜찮은 삶을 만들어간다. 스스로의 삶에 책임감을 갖기 위해, 주체적으로 삶을 이끌어가기 위해 애쓰고 애쓰다 보면 그렇게 글을 쓰는 사람이 되는 것이다.

글은 나에게 말하기의 방편이자 도구였고, 한편으론 마음 놓고 속을 드러낼 수 있는 안식처였다. 규칙적이진 않았지만, 지금까지 살아오면서 때마다 글을 썼던 나는 지금 사람들이 보고 듣는 글을 쓰는 사람이 되었고, 그것으로 밥을 먹고 있다. 이제는 그 밥으로 힘을 얻어 세상을 향해 글을 쓴다. 말로 하면 눈물부터 흘리던 내가 이제 '눈물'이 아닌 '펜'으로 삶을 다시 쓰고 있다.

지방에서

방송작가 하기

"어떤 일 하세요?"

직업이 뭐냐고 묻는 질문에, 나는 단번에 "방송작가예요"라고 대답해본 적이 없는 것 같다. 그냥 프리랜서로 일을 한다거나, 조금씩 글을 쓴다거나 하며, 대부분 슬쩍 둘러댔다. 그래야 상대방이 다시 물어오지 않기 때문이다. 이것이 내가 20년이란 시간 동안 방송작가를 해오며 터득한 직업 소개 방법이다. 방송작가란 직업이 부끄러워서라거나, 반대로 뭔가 대단한 직업이라서가 아니라, 흔히 방송국에서 일한다고 했을 때 되돌아오는 질문이 곤란할 때가 많기 때문이다.

20대 초반에 처음 일을 시작했던 그때, 물색없이 사람들에게 방송작가예요, 라고 소개했다가 되받았던 반응은 흔히 이런 것들이었다. "연예인 많이 보겠네요?"라며 호기심 어린 눈빛을 보내거나, "돈은 얼마나 벌어요?"라고 무턱대고 질문하거나, 다짜고짜 정권 비판과 공정 보도에 대한 충고 같은 것들을 던지고 나서 뒤따르는 "내가 누굴 좀 아는데"로 시작하는 '척'의 향연, 또는 "지방 방송은 다 그렇지 뭐"라는 약간의 비하 섞인 발언까지.

그 가운데 내가 속 시원히 대답할 수 있는 질문은 하나도 없었고, 수긍할 수 있는 말도 없었다. 그때부터 '직업 소개'를 할 때마다 두루뭉술하게 이야기했던 것 같다. 이상과 현실의 차이를 하나하나 설명하고 이해를 구하기엔 하나부터 열까지 너무도 진이 빠지는 일이었고, 그러느니 그냥 모르는 척, 아닌 척, 얼버무리는 척이 훨씬 편했다. 그리고 지금까지도 이 방법은 변함없이 유용하다.

지방의 방송작가는 밖에서 보기엔 화려해도 속은 오히려 소박하기 짝이 없다. 방송작가가 정규직이 아닌 비정규직, 그

가운데서도 부품처럼 언제나 수시로 갈아치워지는 프리랜서 특수고용직이라는 것은 이제 알 만한 사람은 다 아는 사실이고, 거기에다 '지방'이란 조건을 붙이면 좀 더 볼품이 없어진다. 연예인 구경은 고사하고, 드라마도 예능 프로그램도 제작할 만한 여건이 되지 않기 때문이다. 그렇게 지역이라는 물리적으로 제한된 영역과 한정적인 제작 자원을 가지고 방송을 만들어가지만, 오히려 그 때문에 더 작고 세밀한 것, 평범함 속의 비범함을 찾아내기도 한다.

언젠가 방송에 '총각' 한 명이 출연한 적이 있다. 스스로를 '총각'이라 불러달라고 했던 그 청년은 포목과 주단, 원단으로 유명해 한때 전국 3대 시장으로 꼽히던 서문시장에서 원단을 유통하는 상가를 운영 중이었다. 전통시장에서 일하니 동료라고 해봐야 대부분이 어르신들이라 그분들이 자꾸 '총각'이라고 불러서, 아예 상호와 명함까지 '총각'으로 팠다고 했다. 부모님이 하시던 일을 물려받았다고는 하지만, 나름 해외 유학까지 다녀온 청년이었다. 더 큰 무대 위 더 좋은 일자리를 강요하는 시대의 흐름 속에서, 전통시장 상가일을 물려받는다는 게 쉽지 않은 선택이었을 텐데도, 그런 내색 하나

없이 지역에서 자신만의 미래를 일구어가고 있었다.

젊음이 주는 힘은 그의 장사 철학 곳곳에서 묻어났다. 찾아오는 손님을 기다리는 고전적인 방식의 전통시장 판매 방식에서 벗어나 온라인과 SNS를 활용하고 자체 디자인도 개발해가며 여러 가지 활로를 모색하고 있었고, 조금씩 그 결실을 보아가고 있다고 했다. 30대 초반의 청년이었지만 존경스러우리만치 믿음직했고 기특했다. 많은 청취자가 그의 신념과 장사 철학을 응원하고 공감한다는 내용의 문자를 방송으로 보내왔다. 지역에서도 미래를 꿈꿀 수 있다는 희망을 그가 실제로 보여주었기 때문이다.

정치인이나 유명인보다 이렇게 땀 흘리며 열심히 살아가는 사람들이 방송에 나올 때 지역 방송은 빛이 난다. 지방이라서 어렵지만, 그래도 그 가운데서 자신의 꿈과 희망을 일구는 사람들이 있다. 그렇게 새로운 세대와 기존 세대가 어우러져 함께하는 공동체를 만들어가는 것을 보면, 방송을 전하는 사람도 듣는 사람도 기운이 난다. 내가 지방 방송작가라서 할 수 있는 일이 있다면, 바로 그런 공동체적 연대와 주변에서 만들어가는 희망을 찾아내고 전하는 일이라 생각한다.

살림을 살아본 사람은 안다. 아무리 아껴도 살림은 늘 빠듯하다. 돈을 벌어본 사람은 안다. 죽자고 일해도 통장은 늘 소박하다. 열심히 일해본 사람은 안다. 늘 노력한 만큼 성과가 돌아오는 것은 아니다.

'방송'이란 말이 주는 매력은 너무도 크다. 그래서 한번 발 담근 사람은 자발적으로 발을 빼기 힘들 만큼 방송이라는 건 즐겁고 매력적인 일이다. 하지만 대부분 그런 매력은 철저히 현장 스태프의 노동과 열정으로 채워진다. 사실 열정페이가 없었다면, 나도 20년 전 겨우 60만 원 남짓한 월급에 "배우면서 돈 버니 얼마나 감사하냐"라는 되지도 않는 말까지 들어가며 방송작가 생활을 시작하진 않았을 것이다.

물론 지금도 지방 방송작가들의 사정은 열악하다. 일이 주는 즐거움과 월급 통장의 사정은 늘 반비례하기 때문이다. 하지만 정도의 차이만 있을 뿐, 어떤 일이든 뚜껑을 열었을 때 기대 이상의 놀라움과 기쁨을 주는 건 '흥부네 박'이나 '알라딘의 램프'밖에 없지 않을까. 밥 먹고 사는 일이란 늘 고된 법이니까.

처음 이 일을 시작했을 때, 한 살이라도 어린 나이에 그만두거나 서울로 가라는 말을 숱하게 들었다. 하지만 그로부터 20년이 지난 지금 나는 여전히 지방에 있고, 방송작가를 하고 있다. 그러나 후회하지 않는다. 스타작가나 억대 연봉 작가는 지방에서는 다른 나라 이야기일 뿐이지만, 어디에 있건 위치와 자리가 다를 뿐, 각자 그만의 역할이 있을 것이라 믿기 때문이다.

누군가는 1등만 바라보고 좀 더 화려하고 큰 무대와 세상을 만들어가길 바랄지 모르지만, 나는 묵묵히 세상의 저변을 지키는 많은 이들의 힘을 믿는다. 지방방송의 역할이란 그런 믿음을 지켜가는 것이고, 그런 방송에서 이야기를 만들고 글을 쓰는 나는 비록 지방 방송작가이지만, 그래서 참 즐겁다.

분실물을
찾습니다

무언가를 잃어버리는 일은 그 물건이 값비싼 것이든 아니든 잃어버린 사람에게는 애가 타는 노릇이다. 그 물건이 무엇이냐에 따라 추억을 잃어버리는 일이 될 수도 있고, 실제 금전적 손해를 보게 될 수도 있고, 때로는 물건 찾는 데 시간을 쓰느라 하루 일정이 엉망이 되기도 한다. 살면서 무언가를 잃어버리는 일이 없으면 가장 좋겠지만 불행하게도 우리는 늘 무언가를 잃어버리곤 한다.

뜬금없는 장문의 문자 하나를 받은 적이 있다. 가만히 보니 언젠가 우리 프로그램에 출연한 적 있는 어느 기업의 대표님이었다. 내용인즉, 분실물을 찾아달라는 부탁이었다. 업무차 중국에서 손님이 오셨는데, 출국일을 하루 앞두고 택시에 여권 지갑을 두고 내렸다는 것이다. 당장 내일 오후가 출국일인데 어찌할 줄 몰라 발을 동동 구르는 모습을 보고 있자니, 마침 지난번 방송에 출연했던 인연이 생각나 나에게 도움을 청한다고 했다. 방송이야 해드릴 수 있는 거지만 찾는다는 장담은 할 수 없었고, 가능성마저 희박해 보였다. 그렇지만 사정이 딱해 지푸라기라도 잡아보자는 심정으로 방송을 했고 그 며칠 뒤 문자가 왔다.

> 인사가 늦었습니다.
> 방송 덕분에 분실물 찾았어요. 고맙습니다.
> 언제 보답할 날 기다릴게요.
> 즐거운 날 되세요. 고맙습니다.

　방송을 한 것과 분실물을 찾게 된 것의 인과관계는 정확히 알 수 없지만, 어쨌든 다행히 그 손님은 여권을 찾았고, 별 탈

없이 중국으로 돌아갈 수 있었다고 했나.

　이렇게 방송을 하다 보면 종종 무언가를 잃어버렸으니 찾도록 도와달라는 문자 메시지나 제보를 받는다. 휴대전화에서 시작해 자동차 열쇠, 지갑, 도시락 가방 등등 잃어버리는 물건의 종류도 천차만별이고 사연도 가지각색이지만 잃어버리고 나서 애타는 마음이야 모두가 같을 것이다. 그렇게 애타게 방송국 문을 두드리는 마음을 생각하면 그것이 물건이든 사람이든 찾아드릴 수만 있다면 모조리 찾아드리고 싶다. 그래도 잃어버린 것이 물건일 경우에는 부탁을 받는 우리 쪽도 부담이 덜하지만, 분실의 대상이 물건이 아닌 사람일 때는 문제의 차원이 달라진다.

　한번은 잃어버린 언니를 찾고 싶다며 방송국을 찾아온 사람이 있었다. 예순이 훌쩍 넘은 아주머니였는데, 건장한 흑인 남성 두 사람을 대동하고서였다. 마침 방송을 마치고 회의 중이던 우리는 갑자기 들이닥친 세 사람의 방문에 일제히 당황했다. 모르는 사람이고, 그것도 외국인이라 더 당황했다. (캔 유 스피크 잉글리시? 오 마이 갓~)

　그때 1층 프런트에서 스튜디오로 전화가 왔다. 사람을 좀 찾고 싶은데 혹시 방송국에서 도와줄 수 있냐고 하기에 스튜디오로 안내했다는 거였다. 우선 세 사람의 이야기를 들어봐야 했다.

40여 년 전, 아주머니는 대구 대명동에 살았다. 미군 부대가 있던 대명동은 외국 군인과 마주칠 기회가 많은 곳이었는데, 그녀도 어쩌다 보니 어린 나이에 미군과 결혼해 미국으로 건너가게 됐다. 하지만 그것이 가족과의 기약 없는 이별이 될 줄은 몰랐다.

가난이 지긋지긋해 외국인 남편을 따라 물설고 낯선 곳으로 갔지만, 그때는 지금처럼 인터넷이라는 것도 없었고 국제전화를 마음대로 할 만한 형편도 아니었기에 연락을 할 수 없었다. 가족들은 그녀가 간 곳을 모르고, 그녀는 가족들에게 소식을 알릴 수도 다시 비행기를 타고 돌아올 수도 없었다.

그렇게 꼬박 40년간 한국을 잊고 살아야 했다. 하지만 그리움이라는 게 잊는다고 잊히는 것도, 덮어둔다고 덮어지는 것도 아니었다. 고향을 향한 그리움은 날이 갈수록 커져만 갔고, 더 이상은 그 마음을 외면할 수 없어 종이 한 장에 아버지 이름과 언니 이름, 기억나는 당시 주소를 적어 들고 무작정 한국 대구를 찾았다.

어릴 적 살던 동네도 가보고, 경찰서도 찾아가봤지만, 살던 곳은 이미 너무 많이 바뀐 탓에 알아보기 힘들었고, 경찰서에서는 사람을 함부로 조회해줄 수 없다고 했단다. 어디 가서 도움을 청해야 하나 묻고 묻다 보니, 누군가 방송국엘 가보라고 해서 물어물어 찾아왔다는데, 사연을 듣고 난 우리는 난감했다. 당장 우리 방송에서 도와줄 수 있는 것이 없어 보였기 때문이다.

어쨌든 우리는 누가 먼저랄 것 없이 저마다 아는 경찰관과 관공서 관계자들에게 전화를 하기 시작했다. 나도 마침 경찰청에 연이 닿는 곳이 있어 도움을 청했다. 하지만 돌아오는 건 어렵다는 답뿐이었다. 요즘은 예전과 달리 개인정보 보안이 엄격해서 함부로 조회할 수 없다는 거였다. 전화를 돌린 다른 사람들 또한 비슷한 대답을 들었다.

어떻게 해야 할까. 돕고는 싶은데 뾰족한 방법이 없는 우리로서는 더더욱 난감해졌다. 우리의 마음을 아는지 모르는지, 40년간 단 한 번도 그렇게 오래도록 한국말을 마음껏 해본 적이 없었을 아주머니는 밖으로 내뱉지 못해 속으로만 쌓였던 말을 왈칵 쏟아내고 있었다. 오랫동안 사용하지 못해 조금은 어색해진 한국말이 답답하고 애타는 마음을 못 따라갈 때는 영어를 섞어가며 또 한참을 이야기했다. 그렇게 어느 정도 시간이 지나자 한결 가벼워진 표정이 된 아주머니는 다시 어릴 적 동네를 찾아가볼 거라며 일어섰다. 그러고는 도와줘서 고맙다고 말했다. 우리는 그저 이야기를 들어준 것밖에는 한 게 없는데, 무엇이 고맙다는 것일까. 그러나 우리가 들어준 것만으로 아주머니가 가슴에 담아둔 응어리가 조금이라도 풀렸다면 나도 고마운 일이라 생각했다.

대구지방경찰청에는 입양가족을 찾아주는 전담 부서가 있다. 그때, 그런 일을 하는 곳이 있으니 찾아가보라고 안내를 해드렸던가 잘 기억이 나진 않지만, 한국인 엄마와 그 뒤를 따르는 힙합 스웩 넘치던 덩치 큰 흑인 아들들의 모습이 아직도 잊히지 않는다. 수십 년의 시간을 넘어 찰 대로 가득 차 이제는 넘치는 그리움을 안고 핏줄을 찾으러 왔다는 그 외국인 청년들의 어머니는 그토록 보고 싶어 하던 언니를 찾았을까. 그때의 가족 찾기가 어떻게 되었는지는 알 수 없지만, 다시 찾은 대한민국이란 나라에서 그녀의 외로움과 그리움이 조금이나마 해소되었기를, 그리고 그 흑인 청년들에게 어머니의 나라가 따뜻한 곳으로 기억되었길 바란다. 또한 무엇이 됐든 그녀의 인생에서 잃어버리는 일은 더 이상 없기를.

방송은 때때로 놀라운 힘을 발휘한다. 찾지 못할 것 같던 물건을 되찾아주기도 하고, 잊고 살던 인연의 끈을 연결해주기도 하고, 삶의 절망을 희망으로 바꾸어놓기도 한다. 그리고 그런 일이 가능하게 하는 보이지 않는 힘은 청취자, 바로 시민들이다. 내 일처럼, 내 가족의 일처럼 함께 살펴주고 걱정해주는 청취자들이 있기에 주인 잃은 물건도 주인을 찾아가고, 잊었던 인연도 만나고, 눈물이 웃음으로 바뀌는 기적을 만들어내는 것이다.

사람들은 그렇게 많은 이의 마음이 촘촘한 그물망처럼 엮여 서로의 삶을 떠받치고 있다는 걸 알고 있을까. 알든 모르든 힘들고 어려운 삶 속에서 방송을 통해 놓치고 있던 행복을 더 많은 사람들이 찾아갔으면 좋겠다.

우리들의

라디오 스타

영화 〈라디오 스타〉에는 스타가 있다. 디제이다. 한물갔다고
는 하지만, 그래 봬도 왕년의 스타다. 그 왕년의 스타는 자기
가 지방에 가서 방송을 하는 걸 무슨 큰일이라도 해주는 것
인 양 유세를 떨지만 정작 방송 프로그램을 빛내주는 이들
은 따로 있다. 비 오는 날이면 엄마가 해주시던 부침개가 생
각난다던 청록다방 김 양과 불안한 미래를 고민하는 백수 청
년, 짝사랑하는 사람에게 고백을 해야 하나 말아야 하나 망
설이는 꽃집 사장님과 서울 간 아들이 보고 싶다던 어느 어

머니까지. 그렇게 프로그램을 공감과 소통으로 꽉 채운 건 다름 아닌 바로 오늘을 살아가는 우리의 이웃, 그리고 그들의 이야기였다.

라디오에는 이야기가 있다. 라디오에는 수많은 사람의 이야기가 존재한다. 내가 있는 도시에서 내가 하는 방송의 라디오 스타는 단연코 버스기사와 택시기사분들이다. 생각해보면 당연하다. 틀어놓기만 하면 알아서 선곡도 해주고, 다양한 세상 이야기를 들려주고, 가는 길의 교통상황과 날씨 상황까지 종합적으로 전해주니, 아무래도 운전을 업으로 하는 사람들에게는 떼려야 뗄 수 없는 존재가 라디오일 것이다. 그래서 그들은 라디오의 막강한 청취자이기도 하면서 때때로 출연자가 되기도 한다.

한번은 내가 하는 프로에서 여성 택시기사님을 인터뷰한 적이 있다. 차가 좋고 운전이 좋아서 무작정 택시 일을 시작했다는 기사님은 여성 택시 운전사가 드물던 시절, 차별과 편견의 힘든 시간을 지나왔다고 했다. 30년을 넘게 일하면서 수많은 사람과 수많은 사연을 실어 날랐지만, 그 가운데 유독 기억에 남는 일이 한 가지 있다며 (이제는 얼굴도 이름도 기억나지 않지만) 언젠가 태웠던 젊은 새댁의 이야기를 전했다.

"만삭의 몸으로 힘겹게 손을 흔들기에 '어디를 가나…….
힘들겠다' 싶어서 새댁을 태웠는데, 그 힘들어 보였던 것
이 진통이었던 모양이라. 아니 글쎄, 차를 타고 얼마 안 가
차 안에서 출산을 했다 아입니꺼. 내가 그래도 출산한 경
험이 있어놔서 그런가. 놀라긴 했지만 얼른 정신 차리고
근처 산부인과로 데리고 갔지예."

그래도 택시에서 아기를 낳으면 산모도 아기도 건강하게
잘 산다는 말이 있다며 당황해하는 산모를 다독이고는 병원
을 나왔는데, 아무래도 젊은 새댁의 어물어물한 표정이 잊히
지 않아 다음 날 아침 일어나자마자 미역을 들고 찾아갔다.
그런데 아니나 다를까, 새댁은 온데간데없었다. 병원 사람 아
무도 모르게 아이만 데리고 떠나버린 것이다.

"그래서 얼굴이 그랬구나 싶더라고. 내가 영 마음이 찜찜
하더라니……. 그 당시만 해도 애 아빠 없이 여자 혼자 애

낳는 게 보통 일이었겠어요, 어디. 혼자 남모르게 출산을
해야 했던 사정이야 오죽하면 그랬겠나 싶은 게……. 나
도 여자지만, 동생 같기도 하고……. 참 한동안 마음이 딱
했지예."

그 후 새댁이 어떻게 되었는지는 알 수 없었지만, 그래도
자기 택시에서 그런 일이 있었던 만큼 어딜 가서 무얼 하든
잘 살기만 바랐다.

기사님은 지금까지 그렇게 수많은 안타까운 사연과 행복
한 사연을 싣고 많은 사람의 발을 대신해 운전을 해온 것만
해도 보람되고 재미있다며, 앞으로 운전대를 잡을 수 있는
날까지 안전 운전 하며 택시를 몰 거라고 했다.

"나는 택시 이거만 몰믄 그리 기분이 좋다 아인교."

그 씩씩한 사투리 섞인 다짐이 정겹게만 들렸다. 비록 전해
준 사연의 내용은 안타깝지만 어쩐지 여성 택시기사님의 씩
씩한 목소리 덕분에 나 또한 적잖이 위로를 받은 것 같았다.

요즘은 유명 연예인이 진행하고, 또 유명 연예인이 게스트로 나와 그들의 이야기로 시간을 채우는 프로그램이 대다수지만, 기본적으로 라디오는 연예인의 전유물이 아니라 청취자들의 시간이자 공간이다. 라디오만큼 직접적으로 청취자와 소통하는 매체는 없기 때문이다. 물론 요즘은 매체가 다양해졌지만, 특정 계층이나 특정 시간이 아니라 언제 어디서든 누구나 사연을 보내고, 그 사연을 모든 사람이 함께 듣고 공감하며, 주파수 하나로 수많은 사람과 소통하는 매체로는 지금도 라디오만 한 것이 없다.

지방방송 라디오를 누가 들을까 싶지만, 지금도 방송을 시작하면 실시간으로 문자가 들어온다. 잘 듣고 있다며 출석 체크 문자도 오고, 어디 어디 사고가 났으니 조심하라는 연락도 오고, 사랑하는 사람에게 전해달라는 생일 축하 메시지도 온다. 그러면 진행자가 방송에서 대신 소개를 해주거나 답을 해준다. 아직도 수많은 사람이 라디오를 매개로 라디오 너머의 누군가와 소통하고 관계를 맺는 것이다.

"우리에게는 확실히 타인의 이야기가 필요하다. 우리는

그 이야기를 보며 우리가 모는 배의 키를 조절한다. 저렇게 살아야지, 혹은 저렇게 살지 말아야지, 하면서 말이다."

- 작가 임경선과 가수 요조가 함께 쓴 《여자로 살아가는 우리들에게》 중에서

우리는 누군가의 이야기를 들으며 위안을 받고 치유를 경험한다. 타인의 이야기를 접하는 경로야 책도 있고, 영화도 있고, 다른 여러 가지 방법이 있겠지만, 그보다 직관적으로 경험하게 되는 (조금은 가공된) 타인의 세계는 방송매체로부터 얻어진다. 라디오 사연으로 전해지는 누군가의 도전기에 용기를 얻기도 하고, 누군가의 실패담에 격하게 공감하며 위로받기도 하며, 또 누군가의 사랑 이야기가 나의 이야기 같아 가슴 아프기도 하다가, 또 다른 누군가의 기쁜 소식에 덩달아 행복해하기도 하면서 우리는 또 하루를 살아갈 힘을 얻는다. 우리는 그렇게 모두 서로가 서로에게 사람책으로서 위로와 치유의 매개 역할을 하고 있는 것이다.

따지고 보면 누구나 왕년에는 스타였고 잘나갈 때가 있었을 것이다. 혹시 여태껏 그런 때가 없었다면 앞으로 잘나갈 날만이 기다리고 있다는 뜻일 테다. 그리고 그런 이야기를

가지고 있는 모두가 라디오에선 스타다. 라디오 스타는 우리 곁에 늘 존재한다. 우리의 라디오 스타는 바로 당신, 당신의 이야기다.

왜 이렇게
일찍 나왔어요?

고등학교 시절, 나는 아침 일찍 등교하는 아이로 소문이 나 있었다. 늘 등교 1등. (공부가 아닌 등교 1등이다. 성실과 성적의 관계는 결코 비례하지 않는다.) 좀 더 엄밀히 말하면, 나는 학교 가는 걸 즐기는 게 아니라 일찍 가는 시간을 즐겼다고 하는 게 맞을 것이다.

　고등학생이 되면 중학교 때와 비교해 등교 시간이 좀 더 빨라지는데, 직장인 출근 시간보다도 이른 시간이어서인지 등굣길은 늘 한산했다. 고등학교 2학년 때 이사를 가기 전까지는 대로변 찻길을 30분 정도 걸어서 학교에 가야 했는데, 7시 즈음 한산한 이른 아침 공기를 맡으며 학교 가는 시간은 하루 중 어느 때보다 즐거웠다. 아침 공기를 뚫고 걸으며 듣고 싶은 노래를 듣기도 하고 또 마음껏 따라 부르다 보면 마치 내가 뮤지컬 배우라도 된 기분이었다. 물론 그건 이른 아침 지정체 없이 쌩쌩 달리던 자동차 소리가 나의 고성방가를 덮어주었기에 가능했던 일이다. 어쩌면 지금 내 목소리가 큰 것도 다 그때 갈고닦은 덕분인지 모르겠다.

그렇게 학교에 도착하면 교실엔 아무도 없었다. 매일 쉰 명에 달하는 아이들이 함께 북적대며 생활하는 공간이지만, 이른 아침 만나는 교실은 전혀 다른 얼굴을 하고 있었다. 고요한 공기, 가지런한 책상. 조용한 교실에 혼자 들어서면 매일 생활하는 곳임에도 낯설게 느껴지곤 했다. 또 N분의 1만큼 나눠 쓰는 공간을 오롯이 혼자 차지하는 데서 오는, 알 수 없는 자유로움이 느껴지기도 했다.

익숙한 낯섦과 자유로움. 그 공기와 공간을 혼자서 느끼는 시간이 좋았다. 때때로 그 시간에 나는 친구들을 위한 이벤트도 했는데, 칠판에 'Good morning~!'이라고 써놓거나, 좋은 시구 하나를 베껴 써놓거나, 만화 캐릭터를 그려놓는 식이었다. 반 친구들이 들어오면서 "뭐야?" 하며 보이는 시답잖다는 반응과, 누가 그런 거냐고 묻는 싱거운 궁금함이 나는 참 재미있었다.

낙서가 식상해지면 이따금 쪽지 편지를 쓰기도 했다. 월요일은 1번부터 5번, 화요일은 6번부터 10번, 수요일은 11번부터 15번. 그런 식으로 요일마다 다섯 명씩 전날 밤 편지를 써서, 등교하자마자 그 친구 책상 위에 딱지로 접어 놓아두었다. 말이 편지지 사실 별건 없었다. 친한 친구에겐 몇 마디 진심 섞인 말을 적기도 하고, 별로 친하지 않은 친구에겐 또 좋은 책 구절 같은 걸 써주면서 기운 내라고 한 게 전부다. 정말 별거 아닌 일이다. 너무 사소해서 그 일을 기억하지 못하는 친구도 있을 것이다. 어쨌든 전적으로 내가 좋아서 한 일이고, 누군가를 위한 것이 아닌, 알아주기를 바라고 한 것도 아닌, 그저 그런 이벤트를 하는 나 자신을 보며 내가 즐거워서 했던 일이기 때문이다.

영화를 보러 가면 본편보다 시작 전 광고 볼 때가 더 설레고, 여행도 떠나기 전 가방 쌀 때가 더 즐겁다. 그래서일까. 나는 예전부터 공부보다 공부하기 전 준비하는 시간을 더 즐겼고, 그건 사회인이 돼서도 마찬가지였다. 방송작가는 출퇴근 시간이 정확하게 정해져 있지 않다. 방송작가는 프리랜서이기에 출퇴근 의무가 없고, 일에 따라 그에 맞는 시간까지 방송국에 출근해서 일이 마무리되면 그게 언제든 퇴근을 하면 되는 시스템이다. 하지만 20년 전에는 암묵적으로 출퇴근을 해야 한다는 인식이 있어서 매일 방송국에 출근했는데, 그나마 시간은 어느 정도 자유로웠다. 그 말은 곧 오전 10시에 가도 출근한 작가가 몇 없었다는 얘기다.

그래서 나는 나의 출근 시간과 퇴근 시간을 내가 정하기로 했다. 작가실 도착 시간은 9시 30분, 집에서 걸어오면 40분 정도 걸리니까 집에서 나서는 시간은 8시 50분. 고등학교 등굣길과 마찬가지로 나는 집에서 이어폰을 꽂고 운동화를 신고 걸어서 방송국으로 출근했다. 그렇게 도착하면 다른 동료들이 오기 전까지 작가실은 오롯이 나 혼자만의 공간이 되고, 또한 놀이 공간이 된다.

물론 일을 하는 것은 아니다. 오늘 할 일을 정리하고, 여기저기 흥미로운 홈페이지를 들락거리거나, 책을 읽거나, 낙서를 하거나, 다이어리를 정리하면서 대부분의 시간을 보냈다. 그렇게 해야 진짜 일을 해야 할 때 각설하고 바로 업무에 돌입할 수 있었다.

이런 나의 독특한 '시간 사랑'이 의도치 않은 오해를 빚은 적도 있다. 남들보다 일찍 나와서 사람들에게 성실함을 과시해 잘 보이고 싶은 것 아니냐는 실눈 뜬 동료의 지적. 그말을 듣고 보니 오해할 만하다는 생각도 들었다. 남보다 먼저 출근하는 성실성이야말로 나이 많은 직장 상사에게 어필하기 가장 좋은 방법이니까. 하지만 내가 일하는 곳은 여느 회사와는 다른 방송국이고, 열심히 하는 것보다 잘하는 것이 더 인정받는 곳이었다. 다른 작가들보다 실력이 뛰어나다고 인정을 받거나 찬사를 받을 일 없던 나는 그래서 자연스럽게 그런 의심과 오해에서 벗어날 수 있었다.

나는 왜 늘 일하지 않는 일터의 시간이 좋고, 아직 수업이 시작되지 않은 이른 교실의 시간이 좋으며, 모두가 퇴근한 후 아무도 없는 사무실의 시간이 좋은 것일까. 커피가 진짜 맛있을 때는 일하는 중간 짬을 내서 마실 때이고, 꿀잠도 책상에 엎드려 잠깐 10분 정도 눈을 붙일 때 찾아오는 것처럼,

어쩌면 늘 긴장으로 가득한 곳에서 긴장을 털어버릴 수 있는 시간의 자유로움이 좋았던 건 아닐까.

나는 지금도 방송 전 일하지 않는 일터의 시간을 좋아한다. 원고는 이미 다 프린트돼 있고, 이제 방송 시간을 기다리기만 하면 되는 그 틈, 원고를 넘기고 난 뒤의 속 시원함과 곧 시작될 방송의 긴장 사이에 주어지는 여유, 그래서 곧 일을 하겠지만 지금 당장 일을 하지는 않는 시간이 좋다.

지금 내가 하고 있는 건 4시 프로다. 4시에 만나게 될 사랑하는 친구를 기다리며 3시부터 행복해지기 시작하듯이, 웬만하면 3시 혹은 2시에 방송국에 도착한다. 딱히 하는 일은 없다. 일하지 않는 일터의 시간을 즐기고, 그 시간에 책을 읽거나 커피를 마시며 틈새 시간을 마음껏 누린다. 그래서 종종 사람들은 이렇게 묻곤 한다.

"아니, 왜 이렇게 일찍 왔어요!?"

흐르는 시간이
쌓이고
쌓여

모름지기 자장면 고수가 있는 맛집은 도시에는 없다고 했다. 한때 알고 지냈던 C의 말이다.

깎는 건지 마는 건지 늘 입과 턱은 수염으로 어수선하고, 덥수룩한 반곱슬 머리는 감기만 하고 손질은 하지 않는지 언제나 제멋대로 곱실거렸으며, 목 늘어난 티셔츠만 고집하며 어깨에 베이스 기타 메고 왔다 갔다 하는 C의 입에서 나온 말이 다른 것도 아닌 '자장면'이었으므로, 나는 무턱대고 신뢰할 수밖에 없었다. 재야의 고수 같은 느낌이랄까. 무엇보다 모든 것에 수더분하지만, 특히 일상적인 음식의 진한 맛에 많은 감동을 느끼는 C의 말은 때때로 귀를 기울이게 하는 힘이 있었다.

C가 말하는 자장면 고수의 조건은 이렇다. 도심을 벗어나 국도를 달릴 때, 혹은 시골 마을을 지날 때 무심코 보이는 식당. 그 식당은 단층집이다. 지어진 지 족히 40년은 됨직한 건물에 간판의 글자 받침 하나가 빠져 있거나 간판 자체가 아예 없을 수도 있다. 식당은 식당인데 영업을 하는 건지 마는 건지 조금 애매한 느낌이 드는 입구에는 어김없이 색 바랜 초록색 플라스틱 발이 걸려 있고, 그 발을 걷고 들어가면 너무 닳아 색이 바랜 테이블이 너덧 개 있다. 자리를 찾아 앉으면 잠시 뒤 오랜 시간 뜨거운 불 앞에서 웍질을 하느라 검붉게 패인 이마 주름이 인상적인 아저씨가 무심히 스테인리스 물컵과 물통을 가져다주는데, 그런 집이 바로 맛집 중의 맛집, 고수 중의 고수가 있는 곳이라는 거다.

설명이 너무 구체적이어서 어딘가 있는 그의 단골집 이야기 같지만, 그건 아니고 단순히 머릿속으로 떠올리는 상상 속 맛집의 기준이라고 했다. 그런데 이상하게도 시골 어딘가에 그런 식당이 하나쯤 꼭 있을 것 같긴 하다. 세상에는 으리으리한 중국요릿집과 오랜 경력을 자랑하는 요리사들이 많고 많은데, 왜 그런 곳에 있는 식당이 맛집이고 고수냐고 했더니, 간단하지만 그리 간단하지 않은 대답이 돌아왔다. 한자리에서 하나만 계속하는 거, 그거만큼 대단한 게 어디 있냐고. 하지만 그때의 나는 자주 포기하고 쉽게 흥미를 잃는 데 익숙해져 있었으므로 그 대단함을 알아챌 수 없었다.

무언가 한 가지를 계속하는 것의 대단함을 실제 피부로 느낀 것은 그로부터 10년, 아니 15년도 더 지나서였다. 내일 당장 그만둔다고 말하던 하루하루가 쌓여 나는 어느덧 20년 차 방송작가가 돼 있었다. 그 무렵 나는 라디오 방송 원고를 쓰는 일이 꽤 만족스러웠고, 더도 말고 덜도 말고 죽을 때까지 딱 요 정도만 하면 좋겠다고 생각하고 있었다.

마흔이란 나이는 꿈을 꾸고 열정을 불태우고 어쩌고 하기보다 지금까지 해온 것을 오래 잘하는 것만 해도 본전이란 생각을 품게 했고, 그래서 미래의 변화보다 과거를 유지하는 데 좀 더 마음을 쏟고 있었던 것 같다. 그렇게 특별하지도, 그렇다고 지루하지도 않은 날들 속에서 매일 원고 쓰는 일만 반복적으로 해나가고 있을 시기, 코로나19가 닥쳐왔다. 모든 것이 정지되고, 연결이 끊어지고, 정말 혼자서 쓰는 것 말고는 할 수 있는 일이 완전히 없어져버린 것이다.

사방이 벽으로 둘러진 것 같은 상황 속에서 나는 글쓰기를 통해 세상과의 연결을 시작했다. 아마도 가진 재주가 그것밖에 없었고, 공포스러운 바이러스 확산 상황에서 내가 선택할 수 있는 것 또한 글쓰기밖에 없어서였는지 모르겠지만, 어쨌든 나는 짧게 짧게만 써오던 방송 원고의 틀을 넘어 조금씩 길게 써 내려가기 시작했다.

가슴속에 쌓여 있는 말을 글로 가지런히 풀어놓고 보니 오히려 카타르시스 같은 것이 느껴졌다. 내 속에 할 말이 많았다는 것도, 에세이 한 편 너끈히 채울 만큼의 긴 호흡으로 글을 쓸 수 있는 '글쓰기 근육'이 있다는 것도 처음 깨닫는 순간이었다.

플랫폼에 글을 쓰기 시작했고, 타 언론사에 기고를 하고 목소리를 내기 시작하며, 내가 할 수 있는 일에 대한 정의를 새롭게 써나갔다. 그냥 고만고만하게 살겠다고 마음먹었던 내가 마흔이라는 나이를 넘어서며 무언가를 새로 시작하고,

변화에 눈을 뜨게 된 것이다. 스스로도 그런 나의 변화에 놀라고 있을 때, 가깝게 지내던 동화 작가님이 말해주었다.

"20년이란 시간이 그냥 있는 게 아니라니까요. 그게 어디 가나요."

스물세 살, 처음 방송작가로 입문한 나는 사막에 떨어진 것 같은 시간을 보냈다. 해내야 할 일은 한여름 뙤약볕처럼 쏟아지는데, 햇볕 한 줌 피해 숨을 곳 없이 막막한 사막처럼, 무엇을 어떻게 써야 할지 몰라 답답하던 때가 있었다. 타고난 재능이 없었던 나는 노력만으로 바뀌지 않는 현실에 오래 좌절했고, 생계라는 버거운 현실 때문에 포기조차 하지 못하고 버티기만 하는 시간을 보냈다. 그렇게 버티다 보니 어느새 일이라는 게 손에 익기 시작했고 글쓰기에도 어느 정도 요령이 붙어 방송작가라는 것이 내 직업 정체성이 되었다. 그리고 배운게 도둑질이라고 그때부터 지금까지 줄곧 방송 글을 써온 게, 이제는 남에게는 없는 특별한 재주가 된 것이다.

오래 한자리를 지킨다는 것, 오래도록 한 가지 일만 해왔다는 건 숙련되고 노련하다는 말만으론 온전히 표현할 수 없다. 나에게 한 가지 일을 오래 한다는 것은 발전한 실력과 성장을 발견하는 일이라기보다 날마다 다가오는 포기의 유혹을 피해 도망가고, 좌절과 실패에 걸려 넘어지지 않으려 버티는 쪽에 더 가까웠다.

매일 때려치울까를 고민했다. 오늘까지만, 다음 달까지만, 다음 개편까지만, 결혼할 때까지만. 그렇게 포기를 희망 삼아 지금까지 포기하지 않고 왔다. '그만둘까, 누가 알아준다고, 돈도 안 되는데, 이게 뭐라고'를 말하던 스스로와 싸워온 20년이었다. 그리고 그 세월이 그냥 흘러가버린 것이 아니라 어딘가에 쌓였다는 걸, 그 치열했던 시간이 고스란히 내 몸에 간직되고 있다는 걸, 20년이 지나고서야 알게 된 것이다. 지나온 시간이 헛되지 않았구나, 그 시간들이 쌓여 나의 삶을 지탱하는 코어 근육이 되었구나 깨달은 순간, 나는 다가오는 날들을 향해 다시 힘차게 나아갈 용기를 얻었다.

얼마 전 미용실에 들렀다. 두 달에 한 번씩은 염색을 하러 찾는 곳이라 일하는 분들과도 익숙한 편인데, 그날따라 머리 샴푸를 해주는 직원의 손길이 너무 따뜻했다. 머리 감겨주는 일이 수고로운 일이긴 하지만 큰 기술이랄 것까진 아니어서 대부분 손길이 대동소이하게 마련인데, 그날따라 그 직원은 정말 '한 올도 놓치지 않을 거예요'라고 결심한 듯 세심하고 정성스럽게 나의 머리카락을 씻겨주었다. 사소한 일에 정성을 쏟기란 쉽지 않은 일이어서 나는 감동을 받아버렸다. 그래서 마무리할 즈음 자리에 누운 채로 말했다. "미용실에서 머리 감으면서 손끝에서 섬세한 배려와 정성이 느껴진 건 처음이에요. 덕분에 제가 오늘 아주 기분 좋게 보낼 수 있을 것 같아요. 감사해요"라고.

그러자 직원의 손길이 잠시 멈칫하는 게 느껴졌다. 누워서 눈을 감고 있던 나는 조금 당황했다. 내가 오버한 건가, 왜 말이 없지, 싶은 순간 떨리는 목소리가 들렸다.

"제가 요즘 이 일을 계속해야 하나 말아야 하나 고민하는 중이었거든요. 그래서 마음이 조금 힘들었는데요, 고객님이 그렇게 말씀해주시니까 순간 제 마음이 울컥하네요."

그 직원은 미용일을 시작한 지 5년도 더 지났는데 아직도 디자이너가 되지 못하고 있는 자신이 한심하게 느껴지는 요즘이라고 했다. 그래서 그만두고 다른 거 할까 싶다가도 그러기엔 그동안 투자한 시간이 또 아까워서 이것저것 생각이 많았는데, 돌연 내 한마디가 자신에게 위로가 됐다는 거다. 고마운 건 나였는데, 그녀가 더 고맙다고 했다. 하던 일을 그만둬야 하나 고민하던 차에 내 말이 좀 더 해볼 마음을 낼 용기를 주었다며.

> "나도 힘들 때가 있었는데, 지나고 보니까 그렇더라고요. 시간이라는 게요, 그냥 흘러가버리는 것 같아도, 그 시간 속에서 경험한 건 결국 내 안에 쌓이더라고요. 지금 이 시간들도 아무것도 아닌 건 아닐 거예요."

이 한마디로 나는 기어이 그 어린 직원의 눈물을 빼놓고 말았다. 말로 하진 않았지만, 그런 그녀를 보며 생각했다. 나도 그랬고, 그 누군가들도 그랬듯, 언젠가는 쌓이는 시간 속에서 분명 놀라운 것을 발견해내고야 말 것이라고.

물론, 시간이 쌓이고 쌓여 결정結晶이 되기까지는 아무것도 보이지 않고 손에 잡히지 않아 많이 흔들리고 의심하게 되겠지만, 그럼에도 불구하고 묵묵히 시간 속을 걸어가다 보면 우리 모두는 먼지가 모이고 모여 별이 되듯 각자의 자리에서 반짝이는 무언가가 되어 있지 않을까. 어딘가 있을 자장면 고수도, 이제 다시 변화를 꿈꾸는 나도, 미용실의 어린 직원도. 그래서 우리는 서로를 응원하며 나아갈 수 있는 것일지 모른다. 오늘을 살아가는 모두를 응원하고 싶은 마음이다.

잊을 수 없는
그날의 기억

그날도 여느 날과 다름없이 다음 날 아침에 있을 생방송을 준비하고 있었다. 당시 TV 제작국의 아침 생방송을 맡고 있던 나는 방송 전날, 외부에 촬영을 나간 피디와 촬영팀을 기다리며 오전의 여유로운 시간을 보내는 중이었다. 오후에 촬영팀이 들어오고, 담당 피디가 편집을 마치면 나는 그때부터 원고 쓰랴 자막 뽑으랴 한창 바빠질 참이었다. 그때였다. 누군가 대수롭지 않게 뉴스를 보며 말했다.

"어, 지하철 불났네."

그때 작가실에 켜져 있던 TV에는 '지하철 중앙로역 화재, 1명 부상'이라는 뉴스 속보 자막이 떠 있었다. 2월이라 건조한 시기였고, 그 어느 계절보다 화재가 잦을 때였으므로, 늘 현장 소식을 실시간으로 다루는 방송인들에게 '화재' 뉴스는 새롭거나 놀라울 일이 아니었다. 여느 화재와 같이 얼마 지나지 않아 곧 진화되겠지, 하고는 앞으로 벌어질 일은 상상조차 하지 못한 채 대수롭지 않게 생각했다. 그렇게 한두 시간이 흘렀을 즈음이었다. 대수롭지 않던 일은 이제 더 이상 그렇지 못할 상황이 돼 있었다.

자막으로 처리되던 뉴스 속보는 어느새 화면으로 대체되기 시작했고, TV 화면을 통해 실시간으로 전해지는 뉴스 속 현장은 너무도 긴박해 보였다. '1명 부상'이라던 자막에는 어느새 사망자 수가 더해져 있었고, 그 숫자 또한 시간이 지날수록 늘어만 갔다. 그리고 오후 네다섯 시로 접어들 때쯤 상황은 완전히 심각해졌다.

중앙로역 환기구로 쏟아져 나오는 시커먼 연기와 분주히 오가는 수십 명의 소방관, 들것에 실려 나오거나 그을음을 쓰고 거리에 널브러진 시민들. TV로 생중계되고 있는 현장은 그야말로 아비규환이 따로 없었다.

　우리도 가만히 있을 수 없었다. 지역 기간 방송사로서 현
장의 중심에서 지역 소식을 발빠르게 전할 책임이 있는 우리
는 그 시점에서 미리 준비해둔 내일 아침 프로그램 구성을
완전히 뒤집고, 대구 지하철 화재 소식을 전하는 것으로 방
향을 바꾸었다.

　상황이 상황이니만큼 한시가 급했다. 있는 인력 없는 인력
모조리 동원해 현장 취재팀을 꾸려 보내고, 대구도시철도공
사 관계자를 찾아 탑승객 현황과 화재 원인 등 사태 파악에
나섰으며, 또 한편으로는 대구시와 소방 쪽을 연결해 현재
피해 상황 취재에 들어갔다. 이대로라면 밤을 새워도 시간이
모자랄 판이었다.

　메인작가였던 나는 일단 급하게 촬영팀과 취재팀을 현장
으로 내보낸 뒤 컴퓨터 앞에 앉아 모든 구성을 뒤집어 큐시
트와 원고를 새로 쓰기 시작했다. 그렇게 저녁이 지나 밤으
로 접어들 때쯤이었다.

　오후 9시, 또다시 모든 상황이 바뀌었다. 서울 SBS 생방송
팀이 내려오기로 한 것이다. 그때는 이미 대구에서 일어난

지하철 화재가 전 국민의 눈과 귀를 붙잡을 만큼 큰 사건이 돼 있었고, 사상자도 엄청났기에 지역 소식의 규모를 넘어선 상태였다. 서울팀이 내려와 전국 방송을 하기로 한 이상, 그쪽 제작팀과 우리 제작팀이 함께 움직여야 하는 상황이었다. 우리 제작진이 찍어 온 촬영분을 나눠서 편집하고, 원고도 작가들이 한 꼭지씩 맡아 나눠 썼다. 그렇게 모두가 밤을 새워가며 작업한 끝에 다음 날 아침 7시, 전날 화재로 교통이 통제된 중앙로역 도로 한가운데서 방송을 진행할 수 있었다. 아침까지도 완전히 가시지 않은 현장의 마른 연기와 잔해를 배경으로.

2월 중순, 졸업식에 참석하러 학교로 가기 위해 지하철을 탔던 학생들과 가족, 친구와의 약속을 위해 집을 나섰던 이들, 또 각자의 일상을 부지런히 살아가던 사람들은 한순간의 화마로 유명을 달리해야 했다. 그렇게 희생된 사람만 192명이고 148명이 크고 작은 부상을 입었다. 온전치 못한 한 사람이 홧김에 저지른 방화라기엔 그 희생이 너무도 컸고, 희생된 한 사람 한 사람이 무고하고도 억울한, 서럽고도 허망한 사연을 안고 있었다. 대구는 그날부로 특별재난지역으로

선포됐다. 서울팀이 방송을 하고 올라간 뒤에도 우리는 이후 한 달간 지하철 화재 참사 소식을 방송으로 담아냈다.

아팠다. 그저 아프다는 말로만 다 표현할 수 없을 만큼 대구 시민 모두가 아팠다. 애지중지 키운 딸을 대학 졸업식 날 잃어야 했던 어느 아버지의 흐느끼는 뒷모습이 서러웠고, 사선의 경계에서 오로지 앞만 보고 사력을 다해 기어 나왔다는 한 소년의 떨리는 손이 애처로웠고, 어린 삼 남매를 두고 떠나야 했던 젊은 엄마의 '아이들 잘 부탁한다'는 애끓는 문자 메시지가 애달팠고, '사랑한다' '보고 싶다'라는 고백만 남기고 끝끝내 돌아오지 못한 사람들의 마지막이 허망했고 서러웠다. 준비되지 않은 갑작스러운 이별 앞에서 어느 한 사람 아프지 않고 서럽지 않고 원통하지 않은 이가 없었다.

촬영을 하는 팀은 슬퍼하며 눈물 흘리는 유가족의 모습을 담아내다 스스로도 울음을 참을 수 없어 수시로 흔들리는 영상을 가지고 돌아왔고(카메라를 든 채로 울면 영상이 고를 수가 없다), 그걸 편집하던 피디는 몇 시간씩 울어 퉁퉁 부은 눈을 하고 편집본을 작가들에게 건넸으며, 나 또한 원고를 쓰고 유가족의 말을 자막으로 받아 적던 내내 울먹여야 했다. 그렇게 완성된 제작본을 생방송으로 내보내는 순간 부조정실에 앉은 제작진 모두가 다시 한 번 울었다.

그럼에도 우리는 아픔을 충분히 함께하고 싶었고, 조금이라도 서로 나누고 함께 울며 보이지 않는 위로를 전하고 싶었다. 그렇게 눈물 마를 날 없는 한 달을 보낸 뒤, 우리는 지하철 화재 참사 방송을 아프게 마무리했다. 2003년 2월, 한 달간을 나는 그렇게 사건의 중심에 있었고, 이후 2월 18일은 나에게도 잊지 못할 아픔이 되어 남았다.

그리고 19년이 지났다. 그사이 대구에는 2·18안전문화재단이 설립됐고 시민안전테마파크가 조성됐다. 안전에 대한 시민의식은 한층 강화됐고, 나는 TV 구성작가에서 라디오 작가가 됐다. 그동안 수많은 봄, 여름, 가을, 겨울이 지났고 삶에도 많은 변화가 있었지만, 해마다 2월이 되면 기분이 이상해진다. 몸이 기억하는 그날의 긴박함과 충격, 트라우마가 세포에 각인이라도 된 것일까.

그러하기에 나는 내가 있는 자리에서 최선을 다해 그날을 기억하려 한다. 방송을 하다 보면 수많은 사람, 수많은 사건을 만나게 된다. 그 과정에서 겪는 많은 일에 화가 나기도 하고, 부조리를 목도하기도 하고, 힘과 권력의 달콤함과 그 이면의 쓴맛을 동시에 절감하기도 하며, 믿었던 사람의 두 얼굴을 마주하기도 한다. 그 순간 나에게 주어지는, 그리고 내가 할 수 있는 몫은 최선을 다해 이 일들을 세상에 알리는 것이다. 누군가는 들어줄 것이고, 한 번 두 번 반복하다 보면 또 누군가는 다시 인식하게 될 것이란 믿음에서다.

19년 전 이른 봄에도 나는 그리고 우리는 최선을 다했다. 그리고 해마다 2월 18일이 되면 난 잊지 않고 그날의 일을 원고에 담는다. 대구 시민이자 직업인 방송작가로서 내가 할 수 있는 일은 때마다 잊지 않고 원고로 그날의 아픔을 표현해내고, 늘 그날의 기억 위에 지금의 새로운 의미를 찾아내고 부여하는 것, 그리하여 아팠으나 더 이상 아프지 않을 날의 기대를 만드는 것뿐이라서.

나는

끝까지

버텨보려 한다

최근 '신박'한 단어 하나를 들었다. '방탄노년단'! 방탄소년단
이 아닌 방탄노년단이라니. 이름부터가 재미있는데, 더 재미
있는 건 멤버. 방탄노년단의 멤버가 배우 신구와 손숙이다.
대학로에서 하는 연극을 홍보하는 인터뷰 자리에서 연기 인
생 도합 115년의 두 노배우가 스스로를 '방탄노년단'이라 소
개하며 웃어 보이는데, 그 모습이 나는 참 보기가 좋았다. 아
니 좀 더 정확히는 부러웠다는 말이 맞을 것이다. (팬들이 배
우 신구와 이순재, 손숙을 '대학로의 방탄노년단'이라 불러주었

다고 한다.)

　일흔도 넘고 여든도 넘은 나이에 아직도 무대에 설 수 있는 현역이라는 게 부러웠고, 나이가 드니 방송에서 불러주지 않는다고 푸념하지만, 그래서 오히려 연극에 집중할 수 있어서 좋다고 말하는, 일 앞에서 여유롭고, 다 비웠으나 모든 것이 가득 차 보이는 노년의 아우라가 부러웠다. 내 나이 일흔에는 저런 여유가 찾아올 수 있을까.

　방송작가가 되고 나서 가장 하고 싶었던 일은 아이러니하게도 '때려치우는 것'이었다. 20여 년 전, 내가 처음 방송사에 들어갔을 때, 선배들이 틈만 나면 하는 말이 있었다. 언젠가 청첩장을 뿌리며 화려하게 그만두겠다는 것.

　그도 그럴 것이 방송작가라는 직업은 이름에 비해 현실이 너무도 열악했다. 방송작가라는 직종이 세상에 제대로 알려지고 자리 잡게 된 것도 역사가 짧지만, 그보다도 더 역사가 짧은 '지방 방송작가'라는 직업은 전문성도 인정받지 못했고 정당한 대우를 받기도 힘든 상황이었다. 젊고 어린 여성이 그 안에서 직업인 작가로서 제대로 일하기란 쉽지 않았다. 대부분이 미혼 여성이던 방송작가들은 그렇게 결혼과 동시에 일을 때려치우겠다는 꿈을 품고 살았다.

실제로 선배들은 방송작가라는 명함 덕에 꽤나 좋은 조건을 갖춘 신랑감들과 결혼했던 것 같다. 여성의 학력과 직업, 취미와 특기, 그 일련의 모든 것이 시집 잘 가기 위한 스펙으로만 쓰이고 있었다. 안타까운 일이었으나 그때 나에겐 그런 현실을 알아차릴 성숙함이 없었다. 물론 결혼을 잘해야 하는 건 맞다. 하지만 그건 여자와 남자 모두에게 해당하는 사항이다. 결혼생활 또한 두 사람이 함께 노력하는 것이지, 누군가의 인생에 다른 누군가가 일방적으로 인생을 위탁하거나 의탁하는 형태가 되어서는 안 된다.

결혼이 사랑의 완성도 아니고, 인생의 결과도 아니고, 성공의 조건도 아닌데, '결혼만 해봐라. 보기 좋게 때려치워주겠다' 다짐한 것은 지금 생각해도 말이 안 되는, 일고의 여지 없이 어리석은 발상이었지만, 나도 그때는 그런 분위기에 휩쓸려 결혼이라는 지구상 가장 우매한 제도 안으로 자발적으로 들어갔고, 동시에 사회에서는 어리석은 이탈을 감행했다.

그러나 나는 다시 작가의 자리로 돌아왔다. 결혼과 동시에 일을 놓고 나서 1년간은 즐겁게 지냈던 것 같다. 치열하게 일하다 무작정 노는 것에만 집중한 봄, 여름, 가을, 겨울은 신선하고 짜릿했다. 하지만 두 번째 맞는 봄과 여름, 가을과 겨울은 식상하고 진부했으며, 앞으로도 계속해서 이러한 계절을 반복해야 한다는 생각에 진절머리가 쳐졌다.

이미 나에게는 책임져야 할 아이가 둘이나 있었다. 출산과 육아를 빌미로 발을 묶어두려는 나무꾼을 피해 셋이나 되는 아이를 양쪽 팔에 한 명씩 끼고 나머지 한 명은 등에 업고서라도 자신의 세계로 돌아갔다는 선녀의 놀랍고도 교훈적인 이야기도 전해 내려오건만, 나는 양쪽에만 껴도 되는 두 아이조차 감당하지 못해 쩔쩔매고 있었다.

온몸을 내어주어야만 가능한 출산과 육아는 나로 하여금 무엇도 할 수 없게 만들었고, 그 억압된 시간은 역으로 무엇이라도 해야 한다는 절박함으로 흘렀다. 어쨌든 읽고, 무작정 쓰고, 아무것이라도 고민했다. 그리고 그 시간을 거름 삼아, 둘째 아이가 생후 1년 6개월이 되던 때, 아이를 어린이집에 보내고 일을 하기 위해 밖으로 나왔다.

그렇게 다시 작가의 자리로 돌아왔을 때, 나에게 '방송작가'라는 직업은 전과는 다르게 정의되었다. 이제는 명함이 중요하지 않았다. 작가로서의 정체성이 더 중요해졌다. 작가로서 나는 세상에 어떤 이야기를 할 수 있으며, 어떤 이야기를 해야 할까를 고민했고, 좀 더 낮고 보이지 않는 곳의 이야기를 찾아 전하며 스스로의 사회적 책임감을 쌓아갔다. 방송작가로서의 역할과 책임이 스스로에게 중요해지자 명함으로서의 자리는 더 이상 중요하지 않게 되었고, 자연스럽게 작가로서의 자존감도 상승했다.

여성에게 일이란 존재성과 정체성으로도 연결된다. 보이지 않는 곳에서 그림자 노동으로 철저하게 잊히던 존재에서 사회 구성원으로서의 존재감을 단박에 드러나 보이게 하는 수단이 된다. 나 역시 그랬다. 노동만 놓고 보면 일을 하지 않은 적은 단 한 번도 없었지만, 그 일의 장소가 집 안에서 집 밖으로 바뀌는 순간, 위치가 달라졌다. 당장 가정 내에서 그랬고 친가와 시가에서도 나를 대하는 분위기가 달라졌다. 돈을 버는 위치란 그런 건가 싶어 씁쓸했지만, 그보다 중요한 건 나에게 일이 돈과 함께 이 사회에서 '나'라는 사람의 자리와 정체성을 찾아준 소중한 기회였다는 점이다.

일은 똥기저귀와 함께 돌돌 말려 휴지통으로 버려지던 정체성을 되찾아주었고, 아무리 쓸고 닦아도 티 나지 않는 집안일처럼 투명하던 존재에서 선명한 존재로 드러나게 했으며, 돌봄 노동에 허무하게 소비되던 나의 수고를 직업인으로서의 능력으로 환원해주었다. 돈은 일의 대가로서 그 이상을 뛰어넘지 못하지만, 여성으로서 일에서 얻는 존재적 가치는 그것을 훌쩍 뛰어넘는다.

영국 작가 버지니아 울프는 글쓰기를 통해 경제적 자유는 물론 여성으로서의 삶을 주체적으로 일구었고, 미국의 페미니즘 작가 벨 훅스 또한 자유롭고 충실하게 자아실현을 하기 위해서는 경제적 자립이 필수라고 말했다. 결국 여성에게 일이란 사회 구성원으로서 주체적 삶을 일으키기 위한 기본적인 조건이자 일차적 관문이라는 말이다.

하지만 안타깝게도 하는 일이 좋고 보람된다고 해서 계속해서 일할 자유가 누구에게나 주어지는 것은 아니다. 나 또한 마찬가지다. 나이가 들어서 감이 떨어진다거나, 뛰어난 후배들이 양적으로 성장한다거나, 사용자의 마음이 변하면 한순간 일을 하지 못하게 될 수 있다. 프리랜서의 숙명이란 그런 것이다.

그러면 방송작가로서 나는 몇 살까지 일할 수 있을 것인지 생각해본다. 오십은 너무 이르고, 요즘 육십은 그래도 청춘 아닌가 싶고, 그렇다고 칠십이라는 숫자만으로 나의 노동 가능성을 평가절하하는 것은 또 부당하게 느껴진다.

얼마 전, 일을 잠깐 그만두었던 선배가 다시 현업으로 돌아왔다. 나는 내심 반갑고 고마운 마음에 전화를 걸었다. 이런저런 안부를 주고받은 뒤 말했다. 다시 와주어서 참 고맙다고. 선배도 웃었다. 내가 "왜 그런지 아시죠?"라고 했더니 선배가 말했다. "내가 걸어 다니는 정년이잖아."

그렇다. 나는 선배가 오래도록 현장에 동료로 남아주었으면 좋겠다. 선배가 일을 하는 날이 늘어날수록 나의 일하는 날도 늘어날 것이고, 나이를 들먹이며 나의 노동 가능성을 일축하는 목소리에도 선배의 존재가 방패가 되어줄 것이다. 법률상 정년퇴직 연령은 만 60세라고 한다. 그러나 아직까지 방송작가의 정년은 정해지지 않았다. 유리한 것일까, 불리한 것일까. 이왕이면 나에게 유리하게 해석해보려 한다. 정해지지 않았으니 끝까지 해볼 수 있을 것이라고.

그 끝이 어디인지는 잘 모르겠지만, 일흔도 넘고 여든도 넘은 나이가 됐을 땐, 일 앞에서 여유롭고, 다 비웠으나 모든 것이 가득 차 보이는 여유를 가진 나를 만나길 바란다. 그래서 나는 버티는 중이고, 끝까지 버텨보려 한다. 나는 지금 한창 미혹되지만 불혹을 위해 노력하는 방탄중년단을 지나는 중이다.

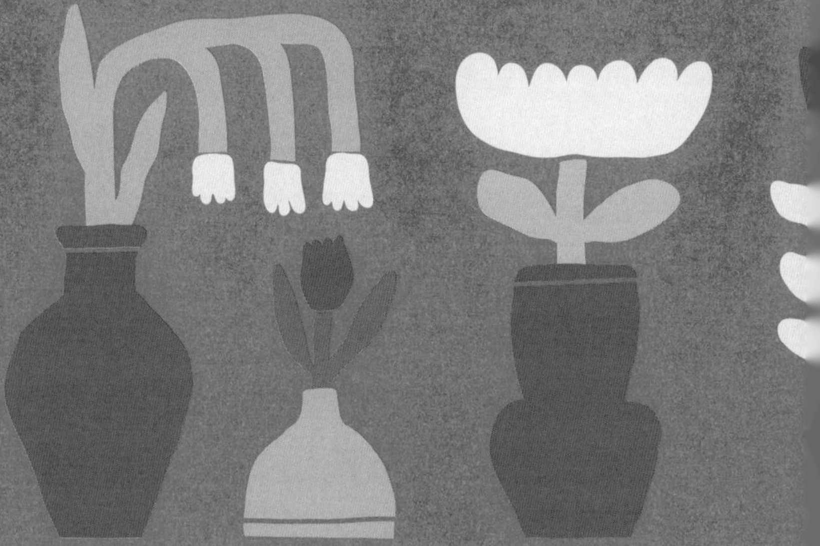

2
part

+

삶은 때로 행복하고 때로 견뎌내는 것

+

내게 삶은

너무 세밀해서

징그럽다

난 뭐든 보이는 대로 보지 못하는 버릇이 있다. 꼬인 마음이라고 해도 할 수 없다. 이를테면 이런 거다. 바다를 보면 아름다움과 낭만 이전에 그 거친 바다 위에서 그물을 끌어 올리는 축축한 손과 힘겨운 숨소리가 먼저 떠오르고, 부둣가에 아담하게 서 있는 등대보다 젖은 걸음으로 물고기를 나르고 분류하며 값을 더 쳐라 마라 악다구니 쓰는 사람들의 모습이 순간 먼저 떠오른다. 봄 들판의 복사꽃을 보면 분홍 꽃의 매혹보다 나뭇가지에 얼굴 긁혀가며 전지 작업을 하느라 주름마다 햇볕의 그을음이 내려앉은 얼굴이 먼저 떠오르고, 꺾이지 말고 과실 잘 붙들고 있으라고 가지마다 줄을 동여매는 농부의 꺼끌하니 뭉툭한 손끝이 먼저 떠오른다.

이유를 생각해보았다. 왜 나에게 삶이란 총체적 아름다움으로 덮어지지 않는가. 왜 굳이 그 아름다움을 해체하고 세분해 구체적 수고와 고단함을 들여다보려 하는가.

돌이켜보면 나에게 세상은 그다지 아름답지 않았다. 자칫 한 번 삐끗하면 허방을 밟아 미끄러질 수도 있는 아슬아슬 줄타기 같았다. 그래서 난 늘 TV와 책 속에 있는 행복한 상상의 세계로 도망쳐 취해 있길 좋아했던 듯싶다.

지금도 기억한다. 축축한 지하실 곰팡내, 낙서로 도배되다 못해 절반이 떨어져나간 맨 시멘트벽에 살갗이 닿는 느낌, 포개어놓은 그릇 사이에 오글거리며 들어앉아 있다 작은 빛에 사사삭 흩어지던 바퀴벌레들, 맨주먹 같은 거친 말을 달고 살던 맨발의 슬리퍼들이 가득한 그곳들.

그것은 결코 무섭거나 두려운 광경이 아니었다. 일상이었다. 그런 일상에서는 그와 같은 모습으로 섞이지 않으면 멀쩡하게 살아갈 수 없다. 술에 취한 사람들이 자주 오가는 곳에 살면, 처음에는 그들의 고성방가와 툭하면 허공에 내뱉는 욕설이 무서울지 모르나 나중엔 익숙해진다. 그리고 그런 무서운 말들이 타인으로 하여금 나를 지켜주는 힘을 지닌다는 것도 자연스럽게 알게 된다. 한동네 남자애가 괜히 나를 괴롭힐 양으로 시비를 걸어왔을 때, 나는 낯선 아저씨들에게 들었던 욕을 스스럼없이 내뱉었고, 그 남자애는 나에게 더이상 시비를 걸지 않았다.

악다구니가 오가는 세상에서는 내가 더 큰 악다구니를 써야 살아남고, 주먹의 세계에서는 내 주먹이 더 세야 다치지 않는다. 걸인은 부끄러움을 애써 외면해야 밥 한 숟가락이라도 얻어먹고 산다.

누군가의 삶에 연민이나 동정을 느낀다는 건 내가 그곳에 있지 않다는, 나는 그들과 다르다는 자기 우월감의 증거이자 일종의 심리적 기득권이다. 누군가의 삶을 함부로 판단하는 일은 철저한 타자일 때 가능할 뿐이다.

친구가 사회복지사로 처음 일을 시작했을 때다. 저소득층을 위한 공공임대 주택단지 한가운데 있던 그 복지관은 관리해야 할 세대도, 들여다봐야 할 사람도 많았다. 노인 혼자 사는 집은 꼭 정기적으로 요구르트 배달을 시켜주어야 하는데, 만약 그 요구르트가 세 개 이상 쌓이면 사람을 불러 문을 딴다. 혹시나 모를 고립사 예방을 위해서다. 요구르트의 의미가 새롭게 각인된 친구는 한동안 요구르트의 '요' 자만 나와도 가슴을 쓸어내렸다.

친구가 맡은 업무 중에는 편부모 가정과 조손 가정 아이들을 위해 운영하는 공부방 운영관리도 있었는데, 처음 한 달 동안은 눈에 눈물이 마를 새가 없어 일을 제대로 할 수 없었다. 한겨울에 철 지난 옷을 입고 다니는 아이, 며칠째 머리를 감지 않아 악취를 풍기는 아이, 다 떨어진 가방을 기우고 기워 메고 다니는 아이……. 한 명 한 명 안타깝지 않은 아이가 없었다. 할 수 있는 한 최대한 마음을 써주고 싶었던 친구는 자신이 쓰지 않는 문구 용품을 나눠 주기도 하고, 소소한 선물 이벤트도 했다. 배가 고프다고 하면 치킨도 시켜 먹이고, 아이들이 부탁하는 건 웬만하면 다 들어주었다.

그러던 어느 날 한 아이가 찾아와서 말했다. 돈 좀 달라고. 자기가 사고 싶은 게 있는데 돈 좀 주면 안 되겠냐고. 그제야 친구는 언젠가 선배가 해주었던 말이 생각났다. "네가 어떤 마음으로 애들한테 그러는지 알겠는데, 그거 애들에게 결코 좋은 거 아니야." 그랬다. 아이들에게 정말 필요한 건, 같이 손잡고 걸어가줄 사람이지 운동화 하나 던져주는 사람이 아니었는데, 친구는 아이들을 그저 연민의 대상으로만 바라보고 있었던 거다. 그날 이후 친구는 있는 것 안에서, 주어지는 범위 안에서 아이들과 똑같이 먹고 말하고 함께 부대끼며 생활하고 있다.

아파도, 불행해도, 가진 것이 없어도, 사람들은 다 살아간다. 그들에겐 그것이 생생한 삶이고 현실이다. 저마다 있는 그대로를 받아들이며 묵묵히 살아가는 중인 것이다. 그러한 삶을 누가 어떤 기준에서 함부로 동정하고 연민할 수 있겠는가. 그래도 저 사람에 비하면 내 인생은 살 만하다고 자위할 때, 누군가는 내 인생을 놓고 혀를 차며 자기 위안 삼을지도 모를 일이다.

공감이란 그런 것이다. 대상과 나를 분리하지 않고, 타자로서의 입장을 버리고, 함부로 누군가의 삶을 판단하고 단정 짓지 않으며, 서 있는 곳이 다르다 하여 그들의 삶과 나의 삶이 다르다고 여기지 않는 것. 그럴 때 우리는 진정 가슴으로 공감하고 공명한다.

드라마 〈미스터 션샤인〉에서 대가댁 아기씨가 일본인을 접대하다 곤욕을 치르고 있는 조선인 기생을 구하기 위해 총을 들며 한 말이 있다. "도와야 하오. 어느 날엔가 저 여인이 내가 될 수도 있으니까."

그때 아기씨의 행동은 연민도 동정도 아니었다. 권위 있는 신분으로서 베푸는 행동은 더더욱 아니었다. 오직 같은 조선인으로서, 여인으로서의 공감뿐이었다. 동정하지 않았기에, 같은 처지를 공감했기에 기꺼이 총을 들 수 있었던 것이다.

여전히 나에게 삶은 세밀해서 징글징글하다. 꽃, 바람, 하늘처럼 세상에 아름다운 것은 공짜로 널리고 널렸지만, 300원짜리 자판기 커피와 박카스가 오가는 삶이 더 눈에 들어온다. 휘황찬란한 건물의 웅장함과 거대함보다 그걸 짓느라 먼지투성이 안전화와 안전모를 쓰고 오가며 300원 짜리 커피로 휴식을 취하는 사람들의 앉은 모습이, 벚꽃 잎 휘날리고 단풍이 물드는 가로수의 아름다움보다는 비에 젖은 꽃잎과 낙엽을 쓸어 담으며 박카스 한 모금에 잠시 펴게 될 사람들의 고단한 허리가 먼저 생각난다. 나를 뭉클하게 하는 건 늘 그런 삶의 자잘한 모습들이다. 한때 나는 그런 내 마음이 삐뚤다 생각했다.

내가 보며 자란 세상은 지식 노동보다 신체 노동에 가까웠다. 부가가치 높은 산업보다 노동집약적 산업에 더 밀접했다. 당연히 노동의 수고와 고단함을 세밀하게 지켜보며 자랐고, 자본가와 지식인은 먼 곳에 있었다. 사람은 아는 만큼만 보인다고, 지난 내 삶이 지리멸렬해 모든 게 꼬이게만 보이는 줄 알았다. 하지만 지금 생각해보면 삶의 그림자를 외면하지 못했던 것일지도 모르겠다.

나는 늘 '정직한' 삶에 마음이 기운다. 일하는 만큼 주어지는 소득, 투입한 만큼 산출되는 결과, 무언가의 요행과 불로소득에 기대지 않고, 한 방에 터트리는 대박을 믿지 않으며, 내가 애쓴 것 이상의 기대와 허영을 바라지 않는 것. 누군가 자본주의사회에서 그렇게 행동하는 건 어리석은 일이라 말할지 모르겠으나 사실 대부분의 사람이 그렇게 살아간다.

지금은 아니지만, 한때 그런 삶을 살아보았고, 앞으로 그러지 말란 법 없는 인생의 길에서 나는 사소한 모든 삶이 다 '나 같아서' 쉽게 고개를 돌릴 수 없다. 그래서 나는 내가 하는 일을 이용하기로 했다. 작은 매체를 통해서나마 내가 외면할 수 없는 사람들의 목소리를 내고, 너무 세밀해서 징글징글한 이야기를 정직하게 풀어보기로. 숭고하기보다 정직하게.

보이지 않는다고

없는 것은

아니다

나는 대학에서 사회복지학을 전공했다. 내가 다닌 대학은 사회복지 분야 특화 대학이었는데, 그래서 사회복지뿐 아니라 특수교육과 특수재활, 특수치료 등 사회복지와 관련한 다양한 학과가 개설돼 있었다. 또 학교 산하에는 일반 학교에서 초중고 학습 과정을 정상적으로 수행하기 어려운 시각, 청각, 지체장애 학생을 위한 특수학교도 운영되고 있었다.

    내가 이 대학교에 입학하고 나서 가장 놀란 건, 아침 등굣길에 마주한 학교 운동장 풍경이었다. 아침부터 수많은 사람이 줄을 서서 운동장 가장자리를 돌고 있었기 때문이다. 초등학생부터 고등학생, 성인까지 나이대도 다양했는데, 하나같이 손에 지팡이 하나씩을 들고 있었다.

아침부터 운동하는 저 사람들은 누구냐는 나의 질문에 특수교육학과 선배가 말해주었다. 저 사람들은 운동이 아닌 훈련을 하는 것이라고. 시각장애인들은 매일 저렇게 훈련하지 않으면 주변을 인지하는 감각을 잃어버리기 때문에 지팡이 하나로 장애물(그것이 사람이든, 건물이든, 자동차든)에 부딪히지 않고 걷는 연습을 해야 하는데, 그래서 이곳 학교에 다니는 학생은 입학해서 졸업할 때까지 등굣길에 운동장을 몇 바퀴씩 걷고 들어가는 것이 규칙처럼 돼 있다고 했다.

내가 다니는 학교에서는 강의실이든 식당이든 도서관이든 어디를 가든 많은 장애인 학생을 만날 수 있었다. 휠체어를 탄 학생, 지팡이를 든 학생, 혹은 스스로 걷지만 신체에 장애가 있는 학생 등 유형도 다양했다.

내가 전공하는 학과도 사회복지학이었으므로 당연히 장애인 동기 친구들이 있었다. 한번은 조별 발표를 하는 강의가 있었는데, 나와 한 조에 속해 있던 시각장애인 친구가 대표로 발표를 하겠다고 했다. 우리는 조금의 방설임도 없이 말주변이 좋은 그 친구가 발표하는 것에 동의했다. 그리고 발표 당일 시각장애인 친구는 교편 대신 가방 속 흰지팡이 white cane(시각장애인이 보행을 위해 사용하는 지팡이)를 꺼내 삼단으로 휘리릭 펼치는 퍼포먼스까지 선보이며 성공적으로 자기 몫을 해냈다.

그렇게 많은 장애 학생이 딱히 어떤 불편함 없이 학교 안 어디든 자유롭게 다니며 수업을 들으며 생활했고, 물론 나도 특별하다거나 이상하다고 여기지 않고 그들과 함께 무람없이 어울렸다.

그러다 뭔가 이상하다고 느낀 건 시내 동성로에 갔을 때였다. 친구들과 함께 수많은 인파 사이를 한참 걷다가 문득, 이 많은 사람 중에 단 한 명의 장애인도 마주친 적이 없다는 생각이 들었다. 왜 장애인이 한 사람도 안 보이는 걸까. 도심이라 복잡해서 그런 걸까. 나의 말에 한 친구는 대뜸 이렇게 말했다. "요즘은 그런 사람들 잘 없잖아."

없는 게 아니었다. 내 주위엔 아주 많은데, 지금 여기에 없는 거였다. 그리고 그들은 '그런 사람'이 아니라, 학교에서 나와 같이 공부하던 친구이자 선배이자 후배이고. 그 사람들이 여기엔 없는 것이다. 왜 그럴까.

사실 생각해보면 갑자기 안 보인 게 아니라, 안 보인다는 걸 알아챈 내 시선이 달라진 것이었다. 사회복지를 전공하면서 장애인 친구들과 어울리는 것이 자연스러워지고, 사회복지 분야 특화 대학답게 다양한 유형의 장애인을 위한 섬세한 시설이 마련돼 있던 곳을 당연하게 여기며 생활해오다가, 그곳을 벗어난 자리에서 어떤 차이를 발견하게 된 것이다. 누구에게나 당연한 환경이 어떤 누군가에게는 당연한 것이 아닐 수 있음을, 그리고 그들이 이곳에 없다는 사실을.

그렇다. 보이지 않는다고 없는 것은 아니다. 상처받지 않기 위해, 넘어지지 않기 위해 그들만의 공간에 머물러 있을 뿐, 우리 곁에 늘 존재하고 있었다. 다만 보이는 대로만 판단했던 닫힌 인식과 왜 보이지 않는지 질문하지 못한 무지에서 비롯된 일상이 그들을 없는 존재로 만들었을 뿐.

방송을 하면서도 때때마다 사회의 관심에서 벗어나 소외돼 있는 많은 사람을 만난다. 이곳마저 없으면 형편 어려운 어르신들이 어디 가서 배울 곳도 없다며 월급까지 줄여가며 한글을 가르치는 야학 교사, 편견과 차별의 시선 속에서 젠더 정체성을 위해 싸우는 사람들, 지역 대학을 나와 그래도 지역에서 뿌리를 내려보겠다며 애쓰는 청년들, 대학 간판 없이도 떳떳한 노동자가 돼보겠다는 학생들까지. 모두가 사회 구성원으로서의 역할을 충실히 해나가며 다른 사람들과 다를 바 없이 살아가고 있지만, 그들이 하나같이 말하고 싶어 하는 것은 관심이었다. 보려 하지 않으면 보이지 않기에 관심을 가져달라는 것이었다.

수전 손택은 《타인의 고통》에서 인간의 고통에 공감하기 위해서는 '행동'이 중요하다고 지적한다. 누구나 연민을 느낄 수는 있지만, 그것을 행동으로 옮기지 않는다면 곧 시들해지고 무감각해지기 때문이라는 것이다.

매번 장애인의 날이면 우리 사회는 장애인 인식과 차별에 대한 문제점을 이야기하고, 의식 개선에 대해 논한다. 하지만 그저 그뿐, 다음 해 장애인의 날이 되면 또 똑같은 이야기를 반복하고, 그다음 해에도 비슷비슷한 내용의 방송과 언론 기사가 이벤트처럼 쏟아진다. 이런 일련의 과정은 잊고 있던 연민의 감정만을 되살려낸 뒤 사라지기를 반복할 뿐이다.

이제는 그런 감정적인 연민의 자각에 머무를 것이 아니라 실천의 발전적 단계로 나아가야 한다. 그리하여 언젠가는 장애인과 비장애인이 서로를 의식하지 않아도 되는, 그래서 다르다는 사실조차 느끼지 않고 마치 처음부터 그랬던 듯 자연스럽게 어우러지며 살아가는 사회가 되었으면 한다.

자주 좌절하고
가끔 성취하겠지만

"저녁에 작가들과 편하게 술 한잔 합시다."

어느 날, 국장이 작가들에게 저녁 시간 술자리 회식을 하자고 제안해왔다. 순간 나는 멈칫했다. 두 아이를 키우는 엄마인 나는 어떤 이유로든 개인적으로 저녁 약속을 잡는 일이 여러 가지로 번거로웠고, 밥도 아닌 술자리, 거기다 제작국 내의 가장 큰 권력인 국장과 함께하는 자리가 불편할 거라는 건 불 보듯 뻔했기 때문이다.

다른 작가들 또한 모두 아이를 키우거나 가정이 있는 사람들이었고, 사는 지역도 천차만별이라 저녁에 따로 시간을 내서 만난다는 것이 그리 쉬운 일은 아니라 여겼다. 그리고 무엇보다 방송작가는 프리랜서이기에 굳이 조직사회의 틀에 박힌 직장생활을 따르지 않아도 된다 생각했다.

개편한 지 얼마 되지 않아 여러 가지로 바쁘다, 코로나로 인해 한자리에 모이는 것이 염려된다 등등 여러 가지 핑계를 대고 미뤘지만, 그럼에도 수차례 회식을 제안하는 국장에게 미안한 지경에 이르자 결국은 회식을 해야 하는 상황이 됐다. 그렇게 회식 날짜가 잡혔다.

"점심도 있는데, 왜 굳이 저녁 술자리야?"

국장과의 저녁 회식 자리가 잡혔다는 말에 대뜸 돌아온 남편의 대답이었다. 평소 친구들과 저녁 약속이 있거나, 아이들 친구 엄마들을 만나 저녁을 먹는다고 하면 별말 없이 일찍 퇴근해 아이들 돌봄까지 맡아주던 그였지만, 유독 '회식'이라는 말이 붙은 자리에는 언제나 예민하게 굴었다. 특히 '저녁' 회식 자리는 더 그랬다.

언젠가 한번 저녁 회식 자리가 잦아지자 남편은 나름의 방식으로 나에게 화를 냈다. 다른 것도 아니고 사회생활하는 사람에게 회식은 어쩔 수 없는 것 아니냐고 했더니, 요즘 시대가 어느 때인데 어쩔 수 없는 그런 자리라는 게 자꾸 생기는 것도 못마땅하고, 자칫 좋지 않은 일이라도 생길까 염려스럽다고 했다. 그 당시는 '미투me too 폭로'가 연이어 터져 나오며 사회적으로 엄청난 이슈가 휘몰아치던 때였다. 남편으로서 당연히 혹시 모를 일에 휘말릴까 아내가 염려된다는 뜻일 터였다. 순간, 남편의 논리에 어렴풋이 수긍이 간다고 생각했다.

걱정하지 않게 일찍 들어오겠다는 말로 회식 약속의 시작과 마무리가 그런대로 잘 매듭지어졌다고 생각했지만, 이상하게도 여전히 불편한 마음이 지속됐다. 애초에 회식을 하게 된 경위도, 회식 일정에 관해 남편과 나눈 대화에서도 뭔지 모를 불편함을 떨쳐버릴 수가 없었던 것이다. 불편하다는 건 곧 나의 심리가 부조리하다 느끼는 것을 힘껏 억누르고 있다는 뜻이었으므로 내 마음의 불편을 따라가봐야 했다.

첫째, 나는 왜 국장이 제안한 회식이 불편했던 것일까. 답은 간단하다. '싫기' 때문이다. 밥이건 술이건 어려운 직장 상사와의 자리는 불편하게 마련이다. 물론 사회생활을 위해 반

드시 참석해야 하는 명분과 이유가 내걸린 회식 자리도 분명
히 있다. 그런 경우는 아무리 싫어도 나가는 것이 마땅하다.
일이기 때문이다. 그러나 이번 회식은 달랐다. 딱히 용건과
사안이 없는, 그저 단순한 친목 자리였기 때문이다. 직장 상
사와의 소통과 대화가 굳이 저녁 술자리에서만 가능한 것도
아니고, 방송작가는 프리랜서이니 직장인처럼 퇴근 후 회식
자리로 자연스럽게 이어질 수 있는 상황도 아니다. 개인적으
로 따로 시간을 내야 하는 경우라면, 다음에 정식 안건이 있
을 때 더불어 자리를 마련해도 좋을 일이다.

하지만 그럼에도 당당히 거부하지 못한 건 한편으로 제안
을 거절당할 국장의 심기가 신경 쓰였기 때문이다. 혹시나
있을지 모를 실체 없는 '대가'에 지레 두려움을 느끼고 있었
기 때문이기도 하다. 나는 그런 두려움을 '뭐 그깟 회식 자리
한 번'이라는 가벼운 생각으로 애써 치부하려 들며 희석했고,
당당하지 못한 나의 행동에 대한 변명거리를 계속해서 찾고
있었던 것이다.

회사, 조직생활, 상명하복, 위에서 아래로 흐르는 명령체
계. 이렇게 위계질서가 가부장적 권력처럼 존재하는 일터에

서는 '예'가 아닌 '아니요'를 말하기가 힘들다. 권위와 권력이 자연스러운 가부장적 문화가 위력이 아닌 평등이 되려면, 어떤 경우에도 어느 한쪽이 불편해지지 않아야 하고, 불편하지 않으려면 당당히 거부할 수 있어야 하며, 그 거부에 따른 불이익이 없어야 한다. 그러나 그러한 위력을 물리치는 일은 약자일수록 쉽지 않다. 방송작가는 고용 피라미드의 최하위에 있는 특수고용직이다.

드라마 〈이태원 클라쓰〉에 이런 대사가 나온다. "어떤 부당함도, 누군가에게도 휘둘리지 않는, 제 삶의 주체가 저인 게 당연한, 소신에 대가가 없는 그런 삶을 살고 싶습니다." 역시 드라마는 판타지일 뿐인 건가.

두 번째, 남편의 태도에서는 나는 무엇이 못마땅했나. 사랑하는 아내를 염려하는 남편이란 이상할 것 하나 없다. 그러나 가만히 들여다보면 그 속에서 나를 동등한 인격체가 아니라 자신이 보호하고 지켜야 할 소유물로 대하는 인식을 발견할 수 있다. 그 또한 가부장적인 가정 문화에서 비롯된 것이라 할 수 있다. 예전에는 그랬다. 가장이 한 가정의 경제도 책임지고, 가족도 책임지고, 동시에 통제하고 통솔하던.

그렇게 당연히 남성을 중심으로 권력 체계가 만들어지고, 당연한 듯 모든 것이 남성 중심적으로만 돌아갔다. 하지만 가부장적 문화는 여러 유무형의 폭력마저 가정을 지키기 위한 수단으로 미화시키며 수많은 억압을 양산해냈다. 물론 남성에게 부당하리만큼 일방적으로 지워진 책무의 무게도 함께 말이다.

그런 가부장적 사고는 곧잘 가정 내에서 아무도 인지하지 못한 채 발현되는데, 이를테면 나의 저녁 회식 약속에 대한 남편의 태도가 그런 경우였던 것이다. 아내를 동등한 인격체로 대하기보다 걱정을 유발하는 미성숙한 소유적 존재로 보는 인식, 따라서 통제하고 통솔해야 한다는 생각.

머릿속 생각이 여기까지 미치고 나니 나의 불편함이 좀 더 선명하게 보이기 시작했다. 결국 내가 느낀 불편함의 원인은 위계질서로 무장한 가부장적 직장 문화에서 자유롭지 못한 결정을 한 나 자신과 가정 내의 가부장적 속박으로부터 자유롭지 못한 무기력한 나를 발견한 데 있었던 것이다. 직장 상사의 회식 명령을 부하 직원을 향한 애정으로, 남편의 규제를 보호라는 넓은 마음으로 받아들이고 있었고, 그러한 내 내면

의 가부장력ヵ이 부딪힌 순간, 양쪽 날개를 하나씩 붙들린 새처럼 어느 쪽에서도 자유로워지지 못한 채 무기력해졌다.

여성이자 직업인으로서 그동안 수많은 가부장적 제도와 싸우고 저항해왔다고 생각했으나, 자주 좌절하고 가끔 성취하고 있음을 다시 한 번 깨달았다. 물론 깨달았다고 해서 드라마틱한 변화는 없다. 다만, 가까운 어느 날에 나는 국장의 기분을 맞추기 위해 다시 회식에 참석하게 될 것이고, 더불어 남편의 마음을 헤아린다는 명목으로 조금이라도 일찍 귀가하려 전전긍긍 노력할 것이며, 끝으로 오늘 마주한 불편함에 대한 해결책을 찾으려 노력하는 나 자신도 발견하게 될 것이란 점이 다를 뿐.

때로는

안경이 없어도

괜찮을 거야

무인도에 혼자 사는 어떤 남자의 이야기를 본 적이 있다. 물도 전기도 없는 곳에서 혼자 움막을 짓고 산에서 더덕 캐서 먹고살았는데, 그중 내가 가장 놀란 장면이 있다. 움막 안을 기어 다니는 벌레와 쥐를 내쫓는 모습도, 산비탈에서 위험천만하게 나물을 채취하는 모습도 아닌, 안경을 잃어버리던 모습이었다.

순식간이었다. 바다에 띄운 통발을 잠깐 확인해본다는 것이 발을 헛디뎌 물에 빠졌는데, 머리까지 깜박 잠겼다 올라

온 남자의 얼굴에 안경이 없었던 거다. 나도 모르게 "어! 안 경!"이란 외마디 외침이 터져 나왔다. 안경을 쓰는 사람은 안 다. 안경은 그야말로 생명줄과도 같다는 것을.

남자가 안경을 다시 받기까지는 대략 2주 정도가 걸린 것 같았다. 육지에 있는 아내가 안경을 새로 맞추고, 우편으로 부치고, 우편이 들어오지 않는 무인도를 우연히 시간이 맞은 어느 낚싯배가 겨우 찾아와 건네주기까지의 기간이었다. 그 2주를 그는 잘도 버텼다. 아니, 버틴 게 아니라 그냥 잘 지냈 다. 지나가는 말로 두어 번 불편함을 이야기하긴 했지만, 그 렇다고 투덜대거나 짜증을 내는 것 같진 않았다.

해가 뜨면 섬 주변을 느긋하게 돌며 먹을거리를 찾고, 그 러다 끼니때가 되면 잘 보이지 않아 실수하는 일이 없도록 천천히 밥을 지었다. 밤이 되면 어차피 촛불이 밝혀주는 만 큼만 보면 되었다. 시간에 쫓기지 않으니 서두르지 않아도 되고, 천천히 주변을 살피니 안경이 없어도 위험하지 않을 수 있었다. 그는 그렇게 다시 안경을 받기까지 아무렇지 않 게 지냈다. 혼자 무인도에서 사는 삶이란 안경이 있다 해도 앞이 캄캄한 노릇일 테니, 안경쯤 잠깐 없다고 해도 당장에 못 살 만큼 다급한 정도는 아니었는지도 모른다.

　나는 안경을 낀다. 그래서 한 번씩 상상한다. 어느 날 무인도에 떨어진다면, 조난을 당하면, 외국 여행 중에 안경을 잃어버리면 어떻게 하지. 그래서 안경을 두 개씩 들고 다녀야 하나 싶다가도, 선글라스에 도수가 있으니 그걸로 버텨보자는 생각을 했다가, 집에 쓰다 넣어둔 안경은 몇 개가 되나 세어보기도 한다. 안경은 세상을 보는 눈이니 절대로 없어서는 안 될 중요한 사물이고, 그것이 없어지는 순간 세상의 무엇도 보지 못하게 될 테니 말이다. 그런 나에게 무인도 아저씨의 안경 없는 생활은 안경이란 도구에 의지하지 않고도 잘 살 수 있다는 의외의 가능성을 보여주었다.

　무인도 아저씨에 이어 안경에 관해 뚜렷하게 생각해볼 기회가 또 한 번 있었는데, 바로 일본 영화 〈안경〉이었다. 영화 제목이 '안경'이라니. 너무 성의가 없거나 너무 품은 뜻이 많거나 둘 중 하나라고 생각했다. 실제로 감독이 어떤 큰 의도를 가지고 함축하여 '안경'이라고 제목을 정했다면 그런 바보 같은 짓을 왜 하냐고 충고했을 것이다. 영화 제목으로 하기에 '안경'은 어떤 사고와 사유도 품지 않은, 아무도 관심 가지지 않는 무색무취한 사물 가운데 하나이기 때문이다.

영화는 한적한 바닷가 마을에 한 여성이 휴식차 여행을 오는 것으로 시작한다. 휴대전화가 잘 터지지 않는 곳을 찾아왔다는 여성은 자신만의 시간을 알차게 보내기 위해 관광할 만한 곳은 없는지, 근처에 체험을 하거나 뭔가 할 만한 활동은 없는지 찾아 나선다. 하지만 놀랍게도 이 마을에는 아무것도 없다. 있는 것이라곤 오직 고요한 공기와 편안한 식탁, 그리고 온화한 사람들뿐이다.

영화는 시종일관 잔잔하게 흘러간다. 어떤 흥미로운 사건도 사고도 없다. 주인공은 아침을 체조로 시작하고 조용한 일과를 보내며 정해진 시간에 정성 들여 만든 음식을 이웃과 함께 먹는다. 그러다 보면 관객도 어느새 영화에 동화되어 편안한 분위기에 젖어들게 된다.

"그럼 여기 놀러 온 사람들은 도대체 뭘 하는 거죠?"
"사색?"
"사색이라는 게 이 동네의 무슨 풍습 같은 건가요?"
"그런 거창한 건 아니고요, 그냥 습관 같은 거죠. 왠지 사색하는 것이 특기인 사람들이 모여 있다고 해야 하나."

(중략)

"사색하는 것에 무슨 요령이라도 있는 건가요?"

"요령이라……. 예를 들면 옛 추억을 그리워한다든지, 누군가를 곰곰이 떠올려본다든지."

쉬러 간 여행에서도 끊임없이 무언가를 하려 했던 주인공은 시간이 지나면서 어느 틈엔가 두 손 놓고 가만히 자기 혼자만의 생각에 빠져드는 '사색'의 매력에 젖어든다. 그러고는 집으로 돌아가는 차에서 실수로 끼고 있던 안경을 차창 밖으로 떨어뜨리지만 굳이 그걸 찾기 위해 차를 세우지는 않는다. 애쓰고 종종거리는 마음으로 세상을 보던 안경을 그냥 벗어버리기로 한 거다.

우리는 세상을 좀 더 잘 보기 위해 안경을 낀다. 안경 덕분에 공부도 하고 책도 읽고 길도 잃어버리지 않으며 넘어지지 않는다. 하지만 어느 순간 그 안경을 통해 보는 시선이 자꾸만 바깥으로 향하게 된다는 걸 느낀다. 더 멀리, 더 높이, 더 빨리 가기 위해 주변 사람들을 경쟁자로만 바라보고, 내 주변의 아픔 따위 돌아보지 않는 것 같다. 보고도 못 본 척 외면하고, 똑바로 응시하는 대신 삐딱하게 바라보기도 하며, 때로는 아예 눈을 감아버리기도 한다면 안경은 더 이상 소용 있는 물건이 아니다. 진짜 중요한 건 눈에 끼는 안경이 아니라 세상을 보는 마음의 안경일지도 모른다.

안경이 없으면 없는 대로 천천히 보이는 것까지만 받아들이며 생활하는 무인도 아저씨와, 멀리 있는 것까지 보려고 도수 높은 안경을 끼고 애쓰며 살아가지만 정작 자신의 마음은 들여다보지 못하다가 결국 안경을 벗어버린 영화 속 주인공. 이 두 사람의 이야기는 평소 내가 안경에 대해 가지고 있는 관점에 신선한 충격을 주었다. 안경을 끼는 사람에게 가장 큰 상실과 공포는 안경을 잃어버리는 일이다. 하지만 시선과 마음을 달리하면 상실은 잃어버린 것에 대한 집착과 불안이 아닌, 남아 있는 소중한 것에 대한 고마움과 안도감으로 바뀔 수 있다. 더 잘 볼 수 없다는 공포는 애써 보지 않아도 된다는 편안함으로 바뀐다. 그리고 그렇게 생각하니 '무인도에 뚝 떨어진다면'이란 나만의 상상에서 안경의 있고 없음

114

이 더 이상 내 불안을 자극하지 않게 됐다.

　그래, 모두가 같은 안경을 끼고 한곳을 바라보며 갈 필요는 없는 것 아닐까. 각자의 삶이 다르듯 저마다 바라보는 풍경도 다른데, 굳이 남의 것까지 보려 애쓰면서 살 필요는 없을 것이다. 다만, 자신에게 맞는 안경으로 자기가 보고 싶은 것을 보고, 가끔씩 내 마음을 돌아보며 살아가는 것이 더 중요한 일 아닐까. 그렇게 나는 지금 이 순간 끼고 있는 안경을 다시 고쳐 쓰고 제대로 삶을 바라봐야겠다는 생각을 해본다.

　참, 영화 마지막에 주인공은 잃어버린 안경 대신 다른 안경을 끼고 나타난다. 자신에게 꼭 맞는 안경 말이다.

낭만에
대하여

"우리가 왜 사는지, 무엇 때문에 사는지에 대한 질문을 포기하지 마라. 그 질문을 포기하는 순간 우리의 낭만도 끝이 난다."

TV 드라마 〈낭만닥터 김사부〉에 나온 대사다. 〈낭만닥터 김사부〉. 제목부터가 마음에 들지 않았다. 1970년대에나 어울릴 법한 '낭만'에다 '의사'도 아닌 '닥터'라는 단어의 조합도 어색했고, 무슨 1980년대 주윤발 나오는 느와르도 아니고

트렌치코트 휘날리며 입에 이쑤시개 꼬나문 한석규의 포스터 사진부터가 만화적 설정으로 보였다. 게다가 사람 살리는 일 앞에서는 돈도 권력도 다 마다하는 의사라니. 결코 현실에는 존재할 수 없는 판타지 아닌가.

어떤 의사들이 저러고 사나 싶었고, 요즘 남의 목숨 살리느라 제 목숨 거는 의사가 어디 있고, 하다못해 어깨나 목에 힘 안 주는 의사가 또 어디에 있나 싶었지만, 욕하면서도 보는 게 드라마라고, 시나브로 나도 드라마 시청에 동참하게 되었다. 그리고 마지막에 이르러서는 이 드라마가 하고자 하는 말이 무엇인지를 깨닫고 함께 응원하게 되었다. '우리는 왜 사는가'라는 본질적 질문을 던지며 끝남으로써 결코 가볍지 않은 드라마가 됐기 때문이다.

판타지라며 코웃음 쳤던 이야기가, 어쩌면 우리가 바라는, 우리가 찾고자 하는 바로 그 본질이 아닐까 싶었다. 의사란, 돈 잘 벌고, 많은 사람이 선망하고, 맞선 자리 선호도 1위인 직업 타이틀에 그치는 것이 아니라 오직 단 하나, 생명의 소중함을 다루는 '실천의 길'이라는 것. 그리하여 이 드라마는 판타지가 아니라 가슴을 울리는 이 시대의 교훈이 되었다.

자연스레 머릿속에 이국종 박사와 천종호 판사가 떠올랐다. 환자 치료비를 대느라 자기 앞으로 수억이 넘는 빚을 지면서도 돈보다 사람이 먼저라며 다친 사람이 있는 곳이라면 두말 않고 달려가는 의사. 다들 기피하는 외과, 그중에도 우리나라에 몇 안 되는 중증외상외과 전문의가 된 의사 이국종 박사는 '아덴만의 여명 작전'에서 해적에게 여섯 발의 총상을 입었던 삼호 주얼리호의 석해균 선장을 살려낸 주인공이다. 당시 소말리아 현지에서 한국으로 석 선장을 이송하는 것은 큰 문제였다. 소말리아에 두자니 의료기술이 부족해 치료가 힘든 상황이었고, 한국으로 데려오자니 총상을 입은 중환자를 비행기로 이송하는 비용이 막대해 다들 주판알부터 튕겼다. 그리고 무엇보다 살릴 수 있다는 확신이 없었기에 선뜻 나서는 병원과 의사도 없었다. 그때 이 소식을 듣고 가장 먼저 손을 내민 의사가 이국종 박사였다. 내 돈이라도 낼 테니 하루빨리 이송해달라며.

한편 부산가정법원 소년부 부장판사인 천종호 판사는 호통 판사로 불린다. 재판정에서 피의자를 향해 소리치기 일쑤여서다. 죄는 미워하되 사람은 미워하지 말랬다고, 그는 죄를 저지른 청소년들에게 호통을 치고, 반성문과 피해자에게 보내는 사죄 편지를 쓰게 하면서 갖은 방법으로 꼭 자신들이 지은 죄의 무게가 얼마나 무거운지 반성하게 한다. 그러면서도 한편으로는 비행에 빠질 수밖에 없는 환경에 처한 청소년들을 돕는다. 어른들의 잘못으로 상처 입고, 사랑받지 못해 사랑하는 법을 모르는 아이들을 보듬는다. 그도 어릴 적 도시 빈민가에 살았기에 누구보다 그런 아이들의 처지를 잘 알기 때문이다. 그런 까닭에 천종호 판사는 비행 청소년의 대부라 불리고, 실제로 그를 대부로 따르는 청소년도 수백에 이른다. 천종호 판사는 말한다. 자신이 판사로 있는 동안 단한 명의 비행 청소년이라도 더 다독여 바른길로 들어서게 한다면 그게 소임의 전부라고.

우리 곁에도 작은 '이국종'과 '천종호'들이 있다. 방송을 통해 만난 S는 지역에서 위기 청소년들이 건강하게 자립할 수 있도록 돕고 있다. 청소년 시절 자신도 비행 청소년이었던 S는 결국 범죄를 저질러 구치소에 수감되고 나서야 이렇게 살아서는 안 되겠다는 생각이 들었다고 한다. 형기를 마친 그는 이후 심리학 공부를 마치고, 현재 위기 청소년들이 더 이상 범죄의 굴레에 엮이지 않도록 밥도 주고 공부도 가르쳐가며 아이들을 돕고 있다. 별난 아이들도 알고 보면 별 같은 아이들이라고 말하는 S는 어딜 가든 당부한다. "사람들은 비행 청소년을 보면 '저 새끼 인간 되겠나……' 그럽니다. 근데, 조금만 관심을 가져주고 한 번만 용서해주면 그게 긍정적 경험으로 쌓여서 결국 인간이 되거든요. 조금만 아이들을 너그럽게 봐주세요"라고.

지역 대학에서 아이들을 가르치고 있는 C 교수 또한 그와 비슷하다. C 교수는 자신의 연구실을 둘로 쪼개서 사용한다. 반은 자신의 연구 공간으로, 반은 학생들이 쓰는 휴게 공간으로 삼고 있는데, 누구든 편히 마실 수 있도록 다양한 음료도 사비로 구입해 마련해두고 있다. 학교 내에 쉴 곳이 없는 것도 아닌데 굳이 왜 작은 연구실까지 쪼개가며 번거로운 일을 자처한 걸까. C 교수는 학생들의 고민을 들어주고 싶었다고 했다. 스스로의 고민에 답을 내리고 앞으로 나아갈 수 있도록 말이다. "학생들은 본인들이 답을 다 알고 있습니다. 그걸 할지 말지, 옳은 것인지 아닌지 고민할 뿐이지요. 그걸 가만히 들어주기만 해도 어느 순간 '교수님, 저 이렇게 해볼게요' 하면서 스스로 다짐하고 마음 가볍게 돌아가거든요."

우리 곁에는 낭만닥터 김사부는 없어도 이국종 박사와 천종호 판사가 있고, 더 가까이에는 그들과 비슷한 적잖은 이들이 있다. 설령 그들이 나에게 무언가 해준 것은 없어도, 그들을 직접 알고 있진 않아도, 적어도 그들이 자기 삶의 강물을 지나가던 중 그들도 모르게 나에게 몇 방울의 물이 튀었고, 나는 그 물방울 덕분에 긍정적인 에너지를 받고 있음이 분명하다.

드라마는 낭만이라 했다. "우리가 왜 사는지, 무엇 때문에 사는지에 대한 질문을 포기하지 마라. 그 질문을 포기하는 순간 우리의 낭만도 끝이 난다." 꿈을 이루었으나 꿈을 잊어버리는 순간 삶이 고달파지듯, 인생의 모든 길에서 우리가 무엇을 위해 사는지, 무엇 때문에 사는지 묻기를 포기하지 않는다면, 적어도 불행과 고민에 휩싸여 허송세월하는 일은 없을 것이다. 본질을 잊지 않으면 우리 인생에서 주객이 전도되는 일도 없다.

"본질을 포기하지 마라. 본질을 포기하는 순간 우리의 낭만은 진짜 끝이 난다."

언제 들어도 우리를 깨우게 하는 이 말은 우리가 언제나 바라고 추구하는 가치이다. 모든 것이 자본의 가치로 가늠되는 이 사회에서 본질과 낭만을 찾는 일은 때로는 어리석어 보이기까지 하지만 우리가 진정으로 진한 감동과 눈물을 흘리는 건 그 본질이 드러나는 순간이다. "저런 의사가 어디 있어?" "저게 현실에서 가능해?"라고 말하지만, 그럼에도 집중해서 보게 되고, 종내에는 감동까지 하게 되니 말이다.

크고 멋진 건물에서 새하얀 가운을 입고 걸어가는 의료인을 볼 때보다 코로나19 사태에 손 하나라도 더 보태겠다며 위험을 무릅쓰고 대구로 달려와 땀에 젖어가며 일하는 의료인들을 볼 때 우리가 더 큰 감동을 느끼는 것도 바로 그런 이유에서일 것이다. 지금 이 시점에서 나 역시 생각해본다. 나는 과연 낭만을 지키며 살아가고 있는가.

나도 누군가에겐

재수 없는

인간일지도

이사를 했다. 그동안에도 나는 결혼을 하고 나서 두어 번의 이사를 한 경험이 있고, 그때마다 조금 더 나은 집으로, 이왕이면 내 마음에 드는 집으로 이사를 했다. 이번 이사도 다르지 않았다. 나는 즐겁게 이삿짐을 쌌고, 그렇게 도착한 새로운 집에서 나는 그만 아연실색했다.

새로 이사한 집은 너무도 낡고 헌 집이었다. 믿을 수 없었다. 어떤 말도 하지 못하고 영문을 몰라 어리둥절한 채 서 있는 나에게 남편은 "괜찮아. 이렇게 된 이상 어쩔 수 없는 것 아니겠어. 이 정도면 사람이 살 수는 있어"라고 말하며 나의 눈을 피했다. 뭐가 어쩔 수 없다는 것이며, 또 뭐가 괜찮다는 것인가. 도무지 알 수 없는 말이었다.

그간 무슨 일이 있었던 것일까. 내가 모르는 저간의 사정 이라도 있는 것일까. 사기라도 당한 걸까. 왜 나는 이사를 준비하는 몇 달의 과정에서 전혀 눈치를 채지 못했을까. 내 피 같은 돈은 다 어디로 갔을까. 갑자기 좁고 낡은 집으로 이사 온 아이들은 아직도 이곳이 우리 집이라는 걸 믿지 못하겠다 는 듯 구석에 서 있기만 했고, 그런 아이들을 보던 나는 눈물만 났다. 가슴을 쳐도 소용이 없었다. 꾸역꾸역 목구멍으로 차오르는 울음이 밖으로 터지지 못하고 꺽꺽 속으로만 파고 들어 가슴이 터질 것만 같았다.

눈을 떴다. 벌써 세 번째 같은 꿈이다. 집도 다르고 동네도 다르지만, 헌 집으로 이사를 하고 내가 가슴 치며 원통해하 는 모습은 늘 같았다. 평소 꿈이니 길조니 흉조니 하는 미신 은 터부시하는 나였지만, 지금껏 살면서 한 번도 겪어보지 못한 '같은 꿈 세 번'은 나에게 인터넷으로 꿈 해몽을 검색하 게 했다. '헌 집으로 이사하는 꿈'이라고 검색하자 조금씩 다르지만, 대략 한두 가지 비슷한 내용으로 정리할 수 있었다.

첫째, 하던 일이 어려움에 처할 수 있음.
둘째, 반성할 일이 발생할 수 있으니 나 자신을 되돌아보
는 시간이 필요함.

어쨌거나 일상에서 무언가 좋지 않은 상황이 일어나고 나
에게 어려움이 닥친다는 뜻이었다. 나름의 의미를 깨닫고 나
자, 그즈음 있었던 한 가지 일이 생각났다. 얼마 전 한 라디
오 프로그램에 문자 메시지를 보냈다가 우연히 내가 좋아하
던 가수와 전화 연결이 된 적이 있었다. 중학교 시절부터 좋
아하던 가수였는데, 마흔이 넘은 나이에 팬이라며 전화 연결
출연을 하고 나니 부끄럽기도 하고 민망하기도 했지만, 그래
도 들뜨는 마음만큼은 여고생처럼 두근댔던 터라 가까운 친
구들과 소식을 나누고 싶었다.

내가 라디오에 출연했다는 소식을 들은 친구들은 여고생
처럼 신기해하며 웃고 떠들었다. 그런데 뒤늦게 대화에 합류
한 친구의 한마디에 그날의 대화가 중단됐다.

"별일이 다 있었구나. 말은 잘했니? 추억 생긴 건 축하한다. 다음엔 그런 인터뷰 하지 말고."

느닷없는 공격이었다. 그날의 대화는 그것으로 흐지부지 중단되고 말았지만, 나는 놀랐고, 고민했다. 처음에는 화가 나서, 그다음은 영문을 몰라서, 또 그러고 나서는 '내가 뭘 잘못한 게 있나' 하는 생각 때문에.

나는 매 순간 최선을 다한다고 생각하지만, 그것이 받아들이는 사람 입장에서도 최선이라고는 장담할 수 없다. 수다를 좋아하고 사람을 좋아하는 나로서는 의도와는 다르게 종종 상대에게 실수를 하기도 하는데, 그것이 아무리 선의에서 나왔다고 한들 상대방에게도 그렇게 전달됐는지는 알 수 없는 노릇이다. 물론 얼마 후 그 친구에게 그때 미안했다는 연락이 왔고, 나도 부지불식간 너에게 던진 말뼈가 있었을지 모를 일이라며 더불어 사과했다. 친구와의 해프닝은 그렇게 끝이 났지만, 꿈 해몽은 내게 나를 다시 되돌아봐야 할 숙제로 남았다.

나도 '반드시' 누군가에게 재수 없을 수 있다. 신영복 선생은 사람과의 관계에서 '대인춘풍 지기추상 待人春风 持己秋霜'을 대화와 소통의 전제로 삼아야 한다고 했다. 남을 대할 때는 봄바람처럼 부드럽게 하고, 나 스스로를 대할 때는 가을 서리처럼 엄격해야 한다는 뜻인데, 사실 현실에서는 거꾸로인 경우가 많다. 내 마음의 사정은 내가 잘 알기 때문에 내 편에서는 늘 누군가의 이해를 바라고 어물쩍 넘어가는 일에도 관대하지만, 남의 일일 때는 칼같이 재단하고 판단하며 엄격해지곤 한다. 그건 내가 상대방 마음의 사정은 모르기 때문이다. 그래서 관계에서 실수를 하지 않으려면 모든 일을 자기중심적으로 바라볼 것이 아니라, 내가 모르는 불가피한 사정이 있을 거라는 전제 아래 유연하게 생각해야 한다는 뜻이다.

　나 또한 스스로에게만 관대하면서 남에게 가혹하게 구는 사람을 보면 참 재수가 없다고 생각한다. 당연히 나도 누군가에게 재수 없어 보일 때가 있을 것이다. 그뿐이겠는가. 나도 누군가에게는 꼰대일 수 있고, 또라이일 수 있으며, 같잖은 존재일 수도 있을 것이다. 어쩌면 친구에게 나는 그런 존재였을지도 모른다. 자기 사정만 생각하며 남의 사정을 알아봐주지는 않는, 조언이랍시고 해대지만 친구의 처지와 입장이라곤 고려하지 않는, 저 잘난 맛에 사는 사람이라고. 돌이켜보면 아주 불가능한 가정은 아니다. (물론, 하나부터 열까지 확인해볼 수는 없으나, 스스로 이렇게 반성해본다.)

완전무결한 사람은 그 어디에도 없다. 수시로 자신을 돌아보고 어긋난 생각과 낡은 사고를 수선해가며 완전한 삶을 꿈꾸며 하루하루 꾸려갈 뿐이다. 삶에는 제동이 필요하다. 자동차가 잘 나가기 위해서는 제동장치가 반드시 필요한 것처럼. 어쩌면 그 친구와의 일이 나에게는 다시금 나를 돌아보게 하는 제동장치가 돼주었는지도 모르겠다. 요즘 내가 좀 앞만보고 달렸나 보다, 나도 모르게 누군가를 말로 찌르고 있었나 보다, 실수를 농담으로 퉁치고 있었나 보다. 그렇게 연이어 반복되는 꿈자리를 내 주변을 돌아보고 좀 더 조심하라는 뜻으로 받아들이고 나니, 한결 마음이 편해졌다. 그래, 나라고 별수 있는 인간이겠는가. 내가 재수 없다고 생각하는 사람이 있듯 나도 누군가에게는 재수 없을 수 있고, 어쩌면 서로 욕하고 욕먹으며 적당히 주고받으면서 살아가는 것이 인생이겠지. 그렇게 생각하니 억울할 것도 속상할 것도 없다. 여러 가지로 반성하게 하는 오늘, 내가 봐도 나 참 재수 없다.

폭력은
농담의 얼굴을
하고 온다

어느 날 후배가 상담을 요청해왔다. 결혼한 지 이제 막 1년을 넘긴, 한창 알콩달콩 깨가 쏟아지는 시간을 보내고 있는 후배였다. 그런 후배가 요청해온 상담이라니, 무슨 일일까. 반가운 마음과 얼마간의 걱정을 안고 만난 자리에서 후배는 반갑지 않은 이야기를 털어놓았다. 그녀의 고민은 얼마 전 방송국에서 담당 피디가 우스갯소리로 한 말에서 시작됐다.

"아니 글쎄, 예전에 말이에요. 어떤 국장이 한 말인데, 작가는 임신을 하면 안 된다는 거야. 그래서 왜냐고 물었더니 글쎄, 작가가 애를 낳으면 머리가 나빠진대나 어떻대나, 그러더라고. 아니, 내가 그랬다는 건 아니고, 하하."

앞뒤 맥락도 없이 꺼낸 이야기였다고 했다. 후배는 그냥 웃어넘길 수 없었다면서도 "선배님, 저 기분 나빠야 하는 거 맞죠?"라며 자신이 느낀 모욕감조차 의심하고 있었다.

공교롭게도 나는 후배의 고민을 듣기 전 또 다른 동료로부터 이와 비슷한 이야기를 들었다. 다른 방송사에 있을 때 겪은 일이라며 해준 얘기는 이랬다. 시작은 한 리포터의 방송사고였다. 여자 리포터가 리포팅해야 할 타이밍을 놓쳐 라디오 방송에서 무음이 나갔는데, 이 방송 사고를 두고 회의를 하던 중 담당 부장이 지나가듯 이렇게 말했다고 한다.

"그러니까 내가 애 낳은 아줌마는 뽑지 말자고 했잖아. 아무래도 떨어진다니까, 기능이."

애 낳은 아줌마인 나와 애 낳을 가능성이 있는 후배는 그 이야기 앞에서 침울해졌다. 일하는 중에 사고나 실수가 있었다면 그에 합당한 절차와 규정에 따라 징계나 경고를 내리면 될 일이다. 그것은 애 낳은 아줌마라서가 아니라, 누구나 할 수 있는 실수이다. 사건의 본질은 '애 낳은 아줌마'의 문제가

130

아닌데, 왜 자꾸 이야기의 원인과 결과가 '애 낳은 아줌마'로 귀결되는 걸까.

21세기를 살아가는 우리 앞에 놓인 이런 '농담' 앞에서 나는 웃을 수 없었다. 살면서 참 많은 말을 듣는다. 조언을 가장한 충고, 걱정을 위시한 비꼼, 비판이란 이름으로 행해지는 비난과 모욕적인 발언 등등. 수많은 말 속에서 이리저리 치이고 살아가지만, 그 가운데서도 가장 대처하기 어려운 건 '농담의 얼굴을 하고 건네는 비하와 조롱'이다. 아무런 준비 없이 마주 섰다가, 갑자기 옆구리로 훅 치고 들어오는 어퍼컷에 고꾸라지고 말기 때문이다.

폭력은 농담의 얼굴을 하고 온다. 대개 '웃자고 한 말'을 던진 사람은 내용의 심각성을 모르는 경우가 많다. 으레 들어왔던 말이고, 들은 대로 내뱉었을 뿐이며, 틀린 말도 아니라는 게 익숙한 변명이다. 아닌 게 아니라 일상은 늘 그래 왔다. 신입이라서, 나이가 어리니까, 여자니까, 애니까. 모든 위계와 질서의 하위에 있는 집단이, 그리고 권력 및 집단의 힘과 크기에서 밀리는 약자와 소수자들이 늘 농담의 소재로 소비돼왔다. 나 역시 그 사실을 인지하지 못한 채 지나온 시간들이 있었다.

그러나 이제 그것이 버려야 할 낡고 오래된 사고라는 것을 안다. 남녀의 성별이, 나이의 많고 적음이, 피부색이, 출신 국가가 비하와 조롱의 대상이 될 수 없음을, 그리고 그것이 건강한 사회의 기본 조건이자 근간을 지탱하는 믿음이라는 것을 말이다.

최근 미국의 인종차별 반대 시위를 계기로 명작으로 꼽히는 영화 〈바람과 함께 사라지다〉가 온라인 동영상 스트리밍 서비스에서 삭제됐다고 한다. 미국 남북전쟁 당시 남부 지역을 배경으로 그린 이 작품이 흑인에 대한 고정관념을 고착화하고 노예제를 미화했다는 비판 때문이다. 영화가 개봉될 당시에는 미처 인지하지 못했으나 지금은 괜찮지 않다고 느낀 많은 사람들이 영화가 담고 있는 묘한 차별에 대해 불편하다고 말했기에 가능한 일이었다.

시대는 이렇듯 진화하고 변화하며, 그 가운데 스스로 균형을 잡아간다. 그럼에도 소소한 차별과 혐오는 우리 일상 구석구석에 털어내지 못한 먼지처럼 남아 있다. 변화하는 시대를 따라가지 못하고 곳곳에 '농담화'된 채 남아 있는 개개인의 인식과 같은 것들이.

돌이켜보면 웃자고 한 말에 죽자고 달려들었던 사람은 없었다. 그러나 (마음속으로나마 당장이라도) 그 말에 죽자고 달려들고 싶어 한 당사자들은 분명히 어떤 부당함을 느꼈을 것이다. 그렇다. 농담이 농담이 될 수 있는지 아닌지는 누가 당사자인지 따져보면 알 수 있다. '기능이 떨어지는 애 낳은 아줌마'는 우리의 어머니이며, 아내이자 누이이고, 우리의 딸이다. 세상 어느 누가 이 사실 앞에서 웃을 수 있겠는가.

모든 애매한 가해는 폭력이란 정의를 교묘하게 피하며 웃음이란 가면을 쓰고 일상을 통과한다. 그러한 교묘함은 피해자로 하여금 그것이 피해라고 말하지 못하도록 침묵을 강요하고, 더욱 강화된다. 그렇다면 우리는 이런 폭력에 어떻게 대처해야 할까.

《선량한 차별주의자》를 쓴 김지혜 교수는 "유머로 던져진 말에 정색하고 대응하기는 쉽지 않다"라고 말한다. 또한 "농담의 얼굴을 한 말들은 무엇이든 가볍게 만드는 성질로 인해 쉽게 도전하지 못하게 만드는 강력한 힘을 가지며, 때문에 그 언어 공격은 인간 내면의 아주 본질적인 부분에 비수처럼 날아와 꽂히기는 쉽지만, 반면 그 말이 왜 문제인지를 설명하기는 너무나 어렵고 그 기회 또한 짧다"고 덧붙인다. 그래서 그녀는 '반응하지 않기'를 권한다. 농담은 웃음의 기대 위에 행해지므로, 누군가를 비하하고 조롱하는 농담에 웃지 않는 무대응은 그 말이 농담이 될 수 없음을 역으로 보여주는 행동이라는 것이다.

그렇다. 어떤 방식으로든 있는 듯 없는 듯, 인 듯 아닌 듯 사람들 사이를 헤집고 다니는 폭력을 알아차리고 거부를 표현할 때, 내가 잘못 생각한 거겠지 하고 스스로를 책망하며 모른 척하지 않을 때, 누군가 말하겠지 하고 뒤돌아서지 않을 때, 폭력은 더 이상 농담이 되지 못하고, 그 자체로 드러나게 된다.

거기에 나는 한 가지 방법을 더 덧붙이고 싶다. 다시 질문하기다. 미국의 여성 저술가 리베카 솔닛은 이렇게 말한다. "내 인생의 목표 중 하나는 진실로 랍비처럼 문답할 줄 아는 자가 되는 것, 닫힌 질문에 열린 질문으로 답할 줄 아는 것, 내 내면에 대한 권한을 스스로 가짐으로써 다가오는 침입자에 맞서서 훌륭한 문지기가 되는 것, 최소한 '왜 그런 걸 묻죠?'

라고 재깍 되물을 줄 아는 사람이 되는 것이다." 적어도 농담의 얼굴을 하고 오는 폭력에 대해 우리는 다시 당당히 물을 수 있어야 한다.

"그게 웃긴가요? 어느 지점에서 웃긴 거죠?"

삶에서

나쁜 것은

없다

원고를 쓰거나 책을 읽을 때는 주로 카페를 이용한다. 아침에 눈떠서 저녁에 잠자리에 들 때까지 눈에 보이는 것 모두 내 손이 닿아야 하는 노동 거리가 천지인 집 안에서는 기본적으로 직업인으로서의 일을 할 수 없다. 그래서 집중이 잘되는 곳, 노트북을 켜고 책을 펴고 앉아 있어도 눈치가 보이지 않는 곳, 방송국과 거리가 적당한 곳 등등 나름의 기준으로 카페를 찾아다니는데, 그러다 어느 날부턴가 어느 동네 카페의 단골이 됐다.

이곳은 다른 기준이 아닌, 오로지 '커피 맛' 때문에 단골이 된 곳인데, 사실 내가 어느 카페의 단골이 됐다는 건 좀 특별한 일이다. 내가 커피맛을 잘 안다거나 커피에 대한 지식이 깊어서가 아니라, 오히려 내가 커피에 대해서는 일자무식이기 때문이다. 커피는 원두의 원산지에 따라 맛도 천차만별이고, 산미가 있는 것부터 묵직한 맛이 느껴지는 것까지 다양하다는데, 나는 그 커피라는 것을 무슨 맛으로 마시는지부터 이해하지 못했다. 나에게 아메리카노란 '너무 많이 덖어 타버린 보리를 우린 물' 같았다. 그러니 어쩌면 내 입에 맞는 커피를 찾기란 사실 불가능한 일이었을지도 모른다. 하지만 우연히 들른 이 카페가 불가능을 가능으로 만들었다. 내 입맛에 딱 맞는 커피를 발견한 것이다. 이후 나는 참새가 방앗간 못 지나치듯, 문지방 닳도록 그곳을 드나들었다.

카페의 주인은 중년 여성이었다. 그녀는 늘 바에 앉아 책을 읽거나 잔을 닦고, 배달된 커피 원두를 살피곤 했는데, 그러다가도 손님이 오면 반가운 눈짓과 온화한 미소로 인사하고, 주문받은 커피를 내렸다. 약간은 주름이 가 있는 매끈한 손으로 서두르지 않고 천천히.

커피 맛도 좋았지만, 나는 그녀의 그런 태도가 참 좋았다. 천천히 충분한 시간을 두고 내리는 커피는 원두가 가진 최대의 풍미를 뽑아낼 수 있게 하는 데다, 바쁜 마음에 서둘러 주문한 사람의 뜬 숨을 한결 안정시키는 여유를 만들어주기 때문이다. 천성이 칠칠하지 못하고 주변이 늘 어수선한 나는 커피 향처럼 은은하면서도 차분한 그녀의 모습을 보면서 나도 저렇게 나이 들면 참 좋겠다고 생각했다. 어쩌면 그런 모습 덕분에 커피 맛이 더 특별하게 느껴졌는지도 모르겠다.

그러던 어느 날, 유난히 손님이 없어 한가로운 시간에 커피를 사러 간 나에게 그녀가 인사인지 대화인지 모를 말을 걸어왔다.

"늘 이 시간에 오시던데, 이 시간에 어딜 가시나 봐요. 어떻게, 커피 맛은 괜찮으세요?"

"아……, 네. 제가 커피 맛을 잘 모르는데, 여기 커피는 다행히 입에 맞더라고요."

"그래요? 어머나 감사해라."

그렇게 커피 한 잔을 사이에 두고 오가던 대화는 그녀의 지난날에 관한 이야기로 이어졌다. 그녀가 카페를 하게 된

건, 어쩌면 운명이고 어쩌면 알 수 없는 노릇이라고 했다. 어려서부터 비위가 약하고 입이 짧아서 어른들에게 늘 유별나다는 통박을 받으며 자랐다는 그녀는 비위가 약해 가리는 음식이 많았고, 입맛도 예민해 늘 건강이 시원찮았다고 한다. 성인이 돼서도 어딜 가나 그렇게 유난 떤다는 소리를 들어왔던 터라 자신의 예민한 입맛과 후각을 단점이라 여기며 숨기고 싶을 만큼 싫었다.

그런데 어느 날 마신 커피 한 잔이 인생을 바꿔놓았다. 흔히 커피에는 상큼한 맛과 달콤한 맛, 와인 맛, 약한 맛, 자극적인 맛, 시큼한 맛 등 다양한 맛이 있다고들 하는데, 그녀의 예민한 혀가 그 모든 맛을 알아채기 시작한 것이다. 첫맛의 신맛부터 목구멍으로 넘긴 뒤 마지막으로 남는 단맛까지.

놀라웠다. 그길로 커피를 공부하기 시작했다. 이제껏 그녀를 움츠리게 만들었던 혀끝의 예민한 감각은 단숨에 그녀를 유능한 사람으로 바꿔놓았고, 그런 커피를 오래도록 다루고 싶어서 카페까지 운영하게 되었다. 그녀는 커피 맛있다고 하는 손님들 말이 지난날의 모든 서러운 마음을 다 덮어주는 것 같다고 했다.

"내가 이런 날이 올 줄 알았겠어요, 어디. 어릴 때부터 그렇게 엄마한테 핀잔과 타박을 받고 자랐는데, 나이 50에 그게 나만의 특별함이 될 줄은 꿈에도 몰랐죠."

그녀의 행복감이 눈으로 입으로 얼굴로 전해졌다. 하고 싶은 일을 한다는 것, 할 수 있는 일이 있다는 것, 그리고 할 수 있는 일을 잘한다는 것, 그게 사람의 얼굴을 저렇게 행복하게 하는 거구나. 그 사실을 그녀를 통해 확인할 수 있었다.

나이 50이 넘도록 인생에 걸리적거리기만 하던 흠결, 남에게 보여주기 싫은 흉허물로만 여기며, 그것에 걸리거나 채여서 넘어지지 않으려 숨기고 또 숨기면서 살았는데, 오히려 그 흠이 디딤돌이 되어 새로운 인생의 문을 열어주다니. 삶이라는 게 이렇게도 기가 막히다.

취업을 하거나, 설문조사를 하거나, 어떤 시험을 보더라도 자꾸만 세상은 우리에게 장점과 단점, 강점과 약점을 골라내라고 한다. 생각해보면 나도 시원하게 한 번에 딱 골라낸 적은 없었던 것 같다. 아무리 고민해본들 나쁘기만 한 것도 없고 좋기만 한 것도 없었기 때문이다. 살다 보면 때로 장점이 단점이 되기도 하고, 또 때로 강한 마음이 어느 순간 약해지기도 하며, 또 어떤 계기로 소심한 사람이 대범해지기도 하니까. 그러니 넘어지더라도 포기하지 말기를, 혹 약해지더라도 움츠러들지 말기를, 아파도 쓰러지지 말기를. 커피 한 잔에 담긴 이토록 진하고, 고소하고, 향기롭고, 달콤하고, 열정적인 한 사람의 삶에서 나는 오늘도 하루를 배운다.

뜨뜻미지근하게
오래
좋아하기

충격이었다. 복층 형태의 오피스텔 원룸 안이 오로지 한 종류의 인형으로만 가득 들어차 있는 풍경은 그야말로 충격에 가까웠다. 몇 년 전, TV를 통해 연예인 심형탁의 집을 본 솔직한 내 느낌이다. 인형이며 장난감이며 '도라에몽' 캐릭터로 구현할 수 있는 모든 물건이 그의 집을 빈틈없이 가득 채우고 있었는데, 그 양이 얼마나 어마어마했던지 사람이 사는 집인지 장난감 창고인지 알 수 없을 정도였다.

'세상에 저 많은 게 어떻게 저기에 있지?' 하는 놀라움에 눈과 입을 동시에 동그랗게 하고 화면을 보는데, 그보다 더 나를 놀라게 한 건 심형탁의 얼굴이었다. 온 집 안을 채운 파란색 인형 하나하나를 행여나 다치고 부서질까 애지중지 조심스럽게 다루던 손길과 행복해하는 눈빛과 표정. 그를 보면서 알았다. 사람이 무언가를 진짜 좋아하면 저런 표정이겠구나. 아마도 그때부터였던 것 같다. 무언가를 좋아하면 저 정도는 해야 한다는 판단 기준이 '심형탁의 도라에몽'이 된 것이. 그리고 어쩌면 다른 이들도 어느 정도 그런 기대와 기준을 갖게 됐을지 모른다.

내가 떡볶이를 좋아한다고 할 때, 사람들이 흔히 물어오는 질문은 이런 것이다. "어디 떡볶이가 제일 맛있어요?" "떡볶이 종류는 얼마나 되나요?" "서울 어디 시장에 가면 무슨 떡볶이가 있는데, 가봤어요?" "요즘 새로 나온 떡볶이 있는데, 먹어봤어요?" 등등. 그런데 안타깝게도 그 가운데 내가 답할 수 있는 건 없다. 나는 맛있는 음식을 찾아 여행을 다니지도 않고, 뭔가를 좋아하면 하루에 한 번 혹은 이틀에 한 번은 먹어야 한다는 마니아의 원칙 같은 것도 없으며, 맛있는 떡볶이의 황금비율 같은 나만의 이론도 없기 때문이다.

어쨌든 분명한 것은 내가 떡볶이를 아주 좋아한다는 거다. 돌아보면 나의 생애 주기에는 늘 떡볶이가 있었다. 초등학교 시절에는 100원에 떡 열 개를 담아주던 문방구 옆 국물 떡볶이, 중학교 때는 교문 앞 리어카 떡볶이, 고등학교 때는 학교 앞 분식집 떡볶이가 있었다. 대학생이 되어서는 카페가 아닌 분식집에서 떡볶이를 먹으며 친구를 만났고, TV 프로그램 방송작가 시절에는 밤샘 작업을 할 때마다 빼놓지 않고 떡볶이를 먹었다. 그렇게 시절마다 먹은 떡볶이는 맛도 가격도 모두 달랐지만, 언제나 떡볶이가 주는 위안이자 위로, 포만감의 밀도는 조금도 다르지 않았다.

굳이 애써 떠올려보자면 그다지 대단한 건 아니지만, 떡볶이에 관한 기억 하나가 있긴 하다. 고등학교 3학년 수험생 때의 일이다. 우리 엄마는 음식 솜씨가 뛰어난 편은 아니었다. 특히 약간의 센스를 발휘해야 감칠맛을 낼 수 있는 밑반찬계와 분식계는 엄마에겐 쉽게 도전해보지 못하는 미지의 세계였는데, 그럼에도 엄마가 나에게 가장 꾸준히 해준 음식이 바로 떡볶이다.

고등학교 3학년 여름 즈음, 엄마가 뭐 먹고 싶은 거 없냐고 물었을 때 나는 떡볶이가 먹고 싶다고 했다. 엄마는 그길로 '볶이'인지 '전골'인지 알 수 없는 형태와 색깔의 떡볶이를 만들어주었지만, 나는 엄마가 만든 떡볶이보다 '뭐가 먹고 싶냐'는 질문에 이미 감동을 받은 뒤였으므로 맛은 아무런 문제가 되지 않았다. 그렇게 고등학교 3학년 내내 토요일 오후만 되면 떡볶이를 먹었다. 엄마와 함께.

그때 엄마와 함께 먹은 떡볶이는 배가 아닌 내 마음을 든든하게 했다. 모든 것이 불안하고 두렵기만 했던 수험생 시절, 떡볶이를 냄비째 턱 하니 상 위에 올리고 엄마와 퍼먹던 그 순간, 엄마와 딸 사이에 오갈 법한 살가운 말 한마디 없이 침묵 속에서 찹찹 먹는 소리만 주고받았지만, 더없이 편안했고 그지없이 행복했다.

어떤 추억은 음식의 맛으로 기억되지만, 또 어떤 추억은 음식의 이름만으로 기억되기도 한다. 내 열아홉 살의 떡볶이는 맛이 아닌 이름만으로 엄마와의 추억을 새긴 음식이다. 그렇게 떡볶이는 나에게 단순히 맛으로 판단되는 음식이 아닌, 그 자체로 삶의 모든 순간에 느낀 기분과 감정을 담은 음식이 되었다.

사람들은 무언가를 좋아하는 방법이 각자 다르다. 내가 아는 누군가는 매운 걸 너무 좋아하지만 위가 약해서 자주 먹지 못하고, 술을 너무 좋아하지만 많이 마시지는 못하고, 또 누군가는 영화를 좋아하지만 같은 영화를 두 번 보진 않고, 책을 좋아해서 집에 책이 천 권 넘게 있지만 그 가운데 읽은 건 절반이 채 되지 않는 사람도 있다. 좋아하는 것과 그 좋아하는 것을 몸으로 경험하는 일이 양적으로나 질적으로 동일해지는 건 결코 아닐 텐데도 사람들은 기준을 너무 간단하게 세우는 것 같다. 그리고 그러한 세상의 기준으로 본다면 나는 어떤 분야에서든 공식적인 '마니아'나 '덕후'의 수준에는 절대적으로 미달이다.

나는 '늘' 떡볶이를 좋아한다고 말한다. 그러나 굳이 떡볶이를 먹기 위해 멀리까지 찾아가는 수고는 하지 않는다. 그냥 최근 맛있게 먹었던 떡볶이를 생각하며 다시 주문할 따름이다. 입에 침이 고이는 걸 참으면서. 또한 굳이 새로 출시된 떡볶이를 검색하고 빨리 맛을 봐야 직성이 풀린다거나, 남들보다 떡볶이에 대한 정보를 더 많이 알아야 한다거나 하는 데 집착하지 않는다. 떡볶이를 더욱 맛있게 먹기 위해 다른 음식과 접목한다거나 다른 방법으로 조리하는 공을 들이지도 않는다. 우연히 맛본 떡볶이가 입맛에 맞으면 그것으로 하루가 즐겁고, 그냥 떡볶이는 떡볶이만 먹을 때가 제일 맛있다.

이런 나의 애정 방식은 삶의 전반에 비슷하게 적용되는데(물론 딱 한 가지 그렇지 못한 부분이 있다. 바로 사람이다. 앞뒤 덮어놓고 맹목적으로 빠지는 편이다), 그래서 남들에게 내가 하는 일은 뭐든 그저 그런 수준으로만 보일 것이다. "좋아한다면서 뭐 그러냐"라는 핀잔을 듣기 딱 좋게.

그럼에도 나는 단호하게 말할 수 있다. 나는 떡볶이를 좋아하고, 어디서 뭘 먹든 떡볶이를 먹자고 하면 제일 먼저 찬성하고, 가장 맛있게 먹은 떡볶이는 있어도 맛이 없던 떡볶이는 없으며, 내 이름이 '권지현'인 것처럼 내가 좋아하는 음식의 고유명사는 '떡볶이'라고.

무언가를 좋아하는 방법에는 여러 가지가 있다. 사람 사는 거 멀리서 보면 다 똑같아 보여도 가까이에서 보면 80억 인구가 모두 다르게 살아가듯, 뭔가를 좋아하고 싫어하는 정도 또한 저마다 모두 다를 것이다. 내가 떡볶이를 좋아하는 방식이 누군가의 기준에는 미달일 수 있겠지만, 나에겐 최고의 방법이다. 그리고 오래도록 좋아하고 긴 시간 사랑하는 데는 자신이 있다.

물론 정도의 차이는 있을 것이다. 갓 끓여낸 떡볶이와 몇 시간 동안 뭉근히 졸인 떡볶이의 맛이 다르고, 그렇게 조금씩 먹다가 모자라면 다시 떡과 육수를 추가해서 끓여낸 맛이 또 다르다. 하지만 세상에서 떡볶이가 사라지는 일은 결코 없듯이 내가 좋아하는 마음도 그럴 것이다. 엄청 좋아해서 한동안 떡볶이만 먹을 시기가 있을 것이고, 그 바람에 물려서 한동안 또 멀리하는 시기도 있을 것이고, 새로운 떡볶이 요리를 먹게 되는 날도 있겠지만, 큰 감정의 높낮이 없이, 그동안 그래 왔듯 앞으로도 떡볶이를 사랑할 것이다.

인생은 과연 게임인가

요즘 내가 푹 빠져 있는 게임이 있다. 헤드셋을 끼고 번쩍이는 키보드를 두드리며 '협공'과 '작전'으로 팀플레이를 하는 그런 대단한 건 아니고, 쉽게 말해 그냥 벽돌 깨기 게임이다. 구슬로 벽돌을 맞혀서 최대한 많이 깨는 스마트폰 게임인데, 머리 쓰지 않고 그냥 멍하니 하는 단순 작업 수준이라서 나에게는 쉬는 틈틈이 하기 딱 좋다. 게임이라면 초등학교 때 테트리스를 해본 기억이 전부인, 게임에는 1도 흥미가 없었던 나지만, 이 게임만큼은 그래도 간간이 즐기게 됐다.

그러던 어느 날이었다. 아무리 깨고 깨도 벽돌 수가 너무 많아 다음 단계로 넘어가지지 않는 단계에 봉착했다. 근 3주째 같은 단계에 도전하는 중이었는데, 해도 해도 안 되니 화가 날 지경이었다. 그냥 앱을 지워버릴까 싶다가도 다음 날이면 한 번 해보고, 또 실패하면 '에라이' 하고 접어두었다가, 또 이틀 뒤쯤 시간이 나면 게임 앱 열기를 반복하고 있었다.

그런데 매번 똑같은 패턴, 매번 똑같은 방법으로 할 수밖에 없는 게임이 결국 슬슬 지겨워지려고 할 즈음, 모든 걸 그만두고 없애버리고 싶은 시점, 놀랍게도 벽돌은 모두 깨졌고, 나는 그제야 다음 단계로 넘어갈 수 있었다. 그 순간, 말 못 할 짜릿한 희열을 느꼈으나, 다음 단계로 넘어간 게임은 전과 별다를 것 없었다. 형태만 조금 다를 뿐 또 똑같은 벽돌이 내게 주어졌다.

그렇다. 수많은 단계가 있는 게임 가운데 한 단계 넘어섰다고 무슨 대박 같은 일이 일어날 리 없었다. 그리고 그 단계가 나에겐 어려워도 누군가에겐 식은 죽 먹기일지 모를 일이다. 그래서 나는 다시 똑같은 패턴으로 어제처럼 오늘도 게임을 하고 있고, 내일도 오늘처럼 게임을 할 것이다. 그러다 어려운 단계를 만나면 또 100번 나무를 찍듯 똑같이 하다가 그 판을 넘길 것이다.

그런데 벽돌 깨는 것 하나에, 단계 하나 넘기는 순간에 웃기도 하고 짜증을 내기도 하고, 지겨워하다 또 즐거워하는 스스로를 보면서 문득 우리가 사는 것도 이 벽돌 깨기 게임과 비슷하다는 생각이 들었다. 인생도 한 살 한 살 나이를 먹을수록 늘어나는 책임과 의무에 어깨가 무거워지고, 어느 순간 어려운 고비가 찾아오기도 한다. 그렇다고 뾰족한 수가 있는 건 아니지만, 시간이 약이려니 견뎌내며 고비를 넘긴다. 때로는 그간의 삶 속에서 단련된 마음의 두께와 약간의 지혜가 도움이 되기도 하고, 그렇게 시간을 지나다 보면 또 어떻게든 힘든 순간을 넘기고 다시 전과 다를 것 없는 일상으로 돌아와 있는 나를 발견한다.

돌이켜보면 내 삶도 그랬다. 방송작가로서 매번 허덕대며 다른 글을 쓰는 게 고역이었지만 어느 순간 눈 감고도 써지는 시점에 이르렀을 때는 도를 깨친 듯 짜릿했다. 하지만 거기까지였다. 다음에 써야 할 글은 또 태산같이 앞에 쌓였고, 다시 허덕대길 반복했다. 순간 느껴지는 마감의 짜릿함이 내

실력을 단숨에 레벨업시켜주진 않았다.

또한 결코 내 마음대로 되지 않는 엄마의 삶이란 어떠한 가. 분유 떼기 미션을 성공하니 기저귀 떼기 미션이 기다리고 있었고, 유치원을 성공적으로 졸업시키고 나니 다시 초등학교 입학이라는 어마어마한 장벽이 앞을 가로막았다. 다음은 더 말해 무엇 하랴. 입시지옥으로 천천히 걸어 들어가는 길이니.

그 모든 과정을 거쳤지만 나는 아직 방송작가로서도 대단하다고 할 수 없으며 엄마로서도 노련하지 못한 채로 살아가고 있다. 그저 지금까지 걸어온 것처럼 앞으로도 묵묵히 걸어갈 일만 남아 있을 뿐이다. 오늘의 최선이 내일의 어떤 결과를 가져올지 모르지만, 섣부른 기대도 성급한 희망도 내려놓고 하루하루 최선을 다해서.

하지만 그런 지난한 과정 속에서도 기쁨은 있었다. 10분짜리 원고에서 30분짜리 원고를 쓰게 되고, 나중에는 한 시간짜리 다큐까지 구성하게 됐을 때의 보람, 한 해가 다르게 커가는 아이를 바라보며 느끼는 소소한 뿌듯함 같은 것들 말이다.

벽돌 게임도 단계를 넘기면 넘길수록 벽돌 수가 많아져서 어느 순간 다음 단계로 넘어가기 어려워지는 순간이 온다. 그런데 그렇다고 아주 포기하지는 않게 되는 이유가 있다. 도전 횟수에 따라 보너스 구슬이 조금씩 생겨나기도 하고, 또 수없이 실패하며 계속 같은 단계에 도전하고 있자면 나도 모르게 어느 순간 고비를 넘기고야 마는 순간이 오기 때문이다. 어느 판이건 결국 그 판에서 끝나는 경우는 없었다.

매일 똑같은 패턴의 일상을 보내며 때로는 기계적으로 살아가기도 하지만, 나태해지려는 순간 즐거운 일을 만나고, 지겨워지려는 순간 숙달된 나의 내공이 다음 단계의 인생을 만나게 해준다. 그럼에도 대박은 나지 않지만, 또 우리는 벽돌을 깨듯 하루하루 똑같은 일상을 깨나가는 것이다.

그렇게 나는 잠깐잠깐 쉬는 시간에 게임을 하며, 총 5,000판 가운데 700판 중반까지 도전하고 있는 중이다. 5,000판을 다 깰 수 있을지는 모르겠지만, 한 단계 한 단계 깰수록 게임의 내공이 높아지듯, 그 어느 날 내 인생의 내공도 높아져 있을 거란 기대를, 오늘도 벽돌을 깨면서 슬며시 해본다.

명작과
구닥다리는
한 끗 차이

사람들이 제일 싫어하는 게 소위 '꼰대질'이라고들 한다. 멀리 볼 것도 없다. 당장 우리 아버지만 해도 '라떼는 말이야'를 운운하며 고릿적 얘기를 교훈이랍시고 읊어대시니까. 그럴 때마다 '도대체 지금이 어떤 시대인데 저러시나……' 싶으면서도, 그래도 천륜지간인지라 단호하게 끊어내지는 못하고, 한숨을 삼키며 눈의 초점을 흐린 채 교묘히 아버지 등 뒤 벽을 바라보며, 속으로는 가나다라마바사, 일이삼사오륙칠, 동해물과 백두산을 읊다가, 그마저도 끝나면 오늘 저녁 메뉴까지 고민해가며 위기의 순간을 견뎌낸다.

그런데 따지고 보면 셰익스피어니 톨스토이니 고흐니 고갱이니, 그런 인물과 그들의 작품이 시간상으로나 시대적으로나 우리 아버지보다 더한 구닥다리이면 구닥다리지 결코 뒤지지 않는다. 더 놀라운 건 셰익스피어가 작품 속에서 이야기하는 삶의 어려움이나 우리 아버지가 말씀하시는 삶의 어려움이 일면 다를 게 없다는 사실이다.

그런데 이처럼 수백 년도 더 된 작품들이 어떻게 지금까지도 고전으로 칭송받고 있는 것일까. 어쩌면 그건 '그러하니 스스로 깨닫고 생각해보라' 하며 기다려주는 것과 '그러하니 넌 그렇게 하지 말고 이렇게 하라' 하고 명령하는 차이에 있는 게 아닐까 생각해본다.

셰익스피어를 지금 만났다면 그도 나에게 넌 그러지 말라고 지적과 충고를 해댈지 모르겠고, 만약 우리 아버지가 당신 삶의 치열한 고민과 모순, 깨달음을 기록으로 남겨서 내 아이의 아이의 아이가 보게 된다면 무릎을 탁 치며 감동할지 모를 일이니까.

아버지는 첫 자식인 나에게 거는 기대가 컸다. 기대가 컸던 만큼 잘되길 바랐을 것이다. 아버지는 내가 약사가 되길 원했다. 여자가 안정적으로 돈을 잘 벌 수 있는 직업이라는 이유에서였다. 약대를 갈 만큼 내가 공부를 잘하지 못한다는 것을 안 이후에는 머리끝부터 발끝까지 필요한 모든 생필품을 지원받을뿐더러 나라 녹까지 먹는 군대만큼 안정적인 직장이 없다며 국군간호사관학교로 진로를 정해주었다. 그러다 내 성적이 간호사관학교마저 못 갈 처지에 이르자 손수 학원에 등록하고 교재까지 사다주며 9급 행정직 공무원이 되라고 했고, 그마저도 내가 낙방을 거듭하며 의지를 보이지 않자 종내에는 육군3사관학교에 들어가라고 권유했다.

여성이어도 자신의 일을 가져야 하고, 경제적인 힘이 있어야 여성이 사회에서 목소리를 낼 수 있다는 아버지의 생각은 틀리지 않다. 지금에 와서 생각해보면 현모양처가 꿈이었던 고등학교 시절의 나보다 아버지가 더 진보적이고 건설적인 사람이었다. 그러나 문제는 아버지가 그 모든 순간에 나에게 생각과 선택이란 걸 할 기회를 주지 않았다는 점이다. 아니, 처음부터 내 생각 따위는 고려 대상이 아니었을 것이다. 어린 나보다 더 오래 살아온 당신의 생각과 선택이 정답이었을 테니까. 그렇게 소통 없이 지내온 시간 속에서 아버지의 정답이 내게도 정답이었던 적은 한 번도 없었다.

경험과 깨달음을 이야기하면서 상대방에게 결정권을 주는 사람과 더 좋은 방법을 강요하는 사람의 이야기는 당연히 다르게 들린다. 공감과 이해 위에서 스스로 깨닫고 행할 수 있도록 기회를 주는 것은 발전을 끌어낼 수 있지만, 자신의 방식을 강요하고 명령하는 것은 저항감을 키울 뿐 아니라 때로 폭력으로 받아들여질 수 있다. 소위 '꼰대질'이라는 것 또한 '내가 해봤기 때문에 다 안다'는 가정 아래 상대방의 의견을 무시하는 데서 비롯되는 것일 게다.

모든 명작은 그 시대 위에 새롭게 태어난다. 명작이 칭송받는 이유는 옛것이 좋은 것이니 무조건 똑같이 해야 한다고 고집을 부리는 대신, 새로운 시대의 정신으로 재해석하고 평가할 자유를 주기 때문일지 모른다. 매일 새롭게 연주되고 태어나는 베토벤 교향곡처럼, 우리 삶도 그렇게 과거 위에 새롭게 태어나길 기대해본다. 명작과 구닥다리의 차이는 한 끗 차이일지 모르겠다, 감히 생각하며.

생명을
돌보는 일은
때때로 아프다

집에 돌아와서 보니 작은 아이가 울고 있었다. 무슨 일이냐고 물었더니 순두부 때문이라고 했다. 순두부? 내가 순두부를 했었나? 어디서 순두부를 먹은 거지? 아니, 순두부를 먹었으면 먹은 거지, 울긴 왜 운담?

"너 순두부를 어디서 먹었어?"

"내가 순두부를 왜 먹어? 순두부를 먹으면 어떻게 해!"

"너 순두부 때문에 우는 거라며?"

"순두부는 먹는 게 아니고, 놀이터에 사는 고양이야!"

알고 보니 순두부는 아파트 놀이터에 사는 길고양이 이름이었다. 처음부터 순두부는 아니었고, 한두 번 눈에 띄면서 아이들이 붙여준 이름이라고 했다. 그러고 보니 쓰레기를 버리러 나갈 때 나도 한두 번 마주친 고양이인 듯했다. 노란 바탕에 까만색 줄무늬 고양이. 성격이 온순하고 사람을 잘 따라, 아이들이 순두부라 이름 붙였다고 했다.

처음 한두 번은 그냥 눈으로 보기만 하고 지나치고 말았는데, 세 번 네 번 마주치고부터는 어느새 아이들의 마음에 돌보아야 할 존재로 자리 잡아버렸던가 보다. 집도 절도 없이 혼자서 길에서 지내는 고양이를 보는 아이들의 마음이 오죽했을까. 누구는 쓰지 않는 작은 담요를 가지고 오고, 누구는 분리수거 쓰레기장에서 버려진 바구니를 찾아오고, 또 누군가는 집에서 엄마가 다시 육수를 내려고 둔 멸치를 가져왔다. 그렇게 놀이터 한편에 순두부의 거처를 마련해주고, 나중에는 아예 몇몇 아이들이 용돈을 모아 고양이 사료를 사서 먹여가며 돌보았다.

그렇게 순두부를 알고부터 아이는 친구가 없는 놀이터도 즐거웠다고 했다. 학교를 오가면서도, 학원을 다니면서도, 늘

쪼르르 들러 순두부가 잘 있는지 확인하고 눈을 맞추고 웃어
주는 일이 아이들 마음에는 그렇게 행복할 수가 없었던 거
다. 단단히 정을 붙였다 싶다.

그런데 문제가 생겼다. 바로 놀이터 옆 경로당 할머니들
때문이었다. 틈만 나면 '야옹야옹' 울어대고, 놀이터와 경로
당과 아파트를 어슬렁 걸어 다니는 고양이가 여간 눈에 거슬
리는 게 아니었는지, "이놈의 고양이 안 쫓아내고 뭐 하냐"고
관리사무소에 큰소리를 친 것이다.

경로당 할머니들은 고양이를 요물이라고 여겨 싫어했다.
나도 예전에 우리 할머니에게 그런 말을 들었다. 고양이는
요물이라서 한번 집에 들이면 도통 나가지를 않고 그대로 들
러붙는다고.

"그 요상한 것이 내쫓아도 꼭 죽을 때가 되면 집 안에 들어
와서 죽는다카이. 요물이제, 요물. 지 혼차 산에 가 죽으믄
될 낀데, 말라꼬 사람 사는 집에를 기어 들어오냔 말이다."

아무튼 할머니들이 고양이 쫓아내라며 민원을 제기한 그
날 이후 관리사무소 아저씨와 아이들 사이에 전쟁이 시작되
었다. 주민들의 민원을 접수한 관리사무소 아저씨는 어떻게

든 고양이를 쫓아내려 했고, 이를 알게 된 아이들은 무슨 일이 있어도 이 작고 여린 생명을 보호해야 한다는 일념으로 숨기고 쫓기는 생활을 이어갔다.

그러던 중 순두부가 동네 아이들의 보호 속에서 새끼를 네 마리 낳았다. 아이들은 더 바빠졌다. 온 사방에 내쫓으려는 적이 포진해 있는 상황에 새끼까지 낳았으니 지켜야 할 생명이 다섯이 됐다. 아이들은 순번을 정해 돌아가며 순두부를 돌보기로 했다. 3학년과 4학년, 5학년 아이들이 하교 시간과 등교 시간을 정해 돌아가며 순두부를 지키고, 용돈을 모아 사료를 사다 먹여가며 보살폈다. 그렇게 한동안 평화가 이어지는가 싶었는데, 얼마 전 아파트 엘리베이터에 뜬금없는 공지가 붙었다.

'아파트 단지 내 돌아다니는 고양이에게 사료를 주는 행위를 삼가주십시오. 얼마 전, 놀이터에서 사람을 할퀴는 일이 발생해 사고가 우려되오니, 어린이들이 사료를 주거나 집을 마련해주는 등의 행동을 하지 않도록 각 가정에서도 지도 부탁드립니다.'

그리고 오늘 아이가 울고 있다. 순두부가 진짜 사라져버렸다고.

"아저씨들이 혹시나 너네 다칠까 봐 그러셨던 것 같아. 그리고 아저씨들은 아파트 사람들 민원을 받으면 해결을 해야하니까 어쩔 수 없으셨을 거야. 사람을 할퀴었다잖아."

"아니야. 애들이 그러는데, 어떤 할머니가 먼저 발로 찼대. 돌도 던지고. 엄마 같으면 자기를 그렇게 공격하는데 가만히 있겠어? 순두부도 너무 힘드니까 그렇게 방어한 거지."

너무도 맞는 말이어서 달리 해줄 말이 없었다. 아이는 다른 생명의 아픔을 고스란히 느끼고 있었다. 누군가의 고통을 공감하는 너무도 고되고 마음 쓰이는 일을, 그래서 어른들이 그토록 무디게도 외면하는 일을, 아이는 고스란히 받아내고 있었다.

그런데 좀 더 들어보니 그저 고양이가 없어진 게 문제가 아니었다. 아이가 이토록 슬퍼하는 이유는 어린 아기 고양이들과 순두부가 강제 이별을 당했기 때문이었다.

오늘 아파트 관리사무소 측의 신고를 받은 119 구조대가 왔는데, 구조대 출동에 놀라 도망가버린 엄마 고양이 순두부는 찾지 못해서 그냥 두고, 아기 고양이 네 마리만 달랑 데려가버린 것이다. 이 사실을 알게 된 아이들은 난리가 났다. 당장 가서 데려와야 한다며 걸어서 15분 거리에 있는 구조대에 항의 방문까지 했다. 엄마가 분명히 있는 아기를 데려가버리면 어떻게 하냐고, 납치한 거랑 뭐가 다르냐고. 갑작스레 들이닥친 어린 민원인들을 마주한 소방 구급대원 아저씨는 침착하게 웃으며 설명했다.

"아기들은 그대로 두면 건강이 더 나빠질지 몰라서 동물보호센터로 보냈단다. 혹시나 너희가 데려가도 되는지 부모님과 잘 이야기해보고 오면 아저씨가 보호소에 연락해서 다른 곳에 입양되지 않도록 해둘게. 돌아가서 부모님과 잘 상의해보렴."

물론 현명한 설명이었지만 '엄마와 아기의 생이별'에 감정이입이 된 아이들에게 어른들의 효율적인 일처리와 세상의 이치는 너무도 가혹했다.

"엄마도 없이 애들이 다른 곳으로 가면 어떻게 해? 아직은 너무 어린데. 순두부도 얼마나 슬프겠어. 갑자기 아기들이 사라졌잖아. 엄마도 나랑 갑자기 헤어지면 마음이 안 아프겠어?"

열한 살 아이가 엄마의 마음을 헤아리고 있었다. 아, 이 어리고 여린 생명들을 어떻게 한단 말인가. 나보다 약한 생명을 돌보는 것은 사람이 가지고 있는 측은지심의 발로다. 아이가 어린 생명을 돌보는 일은 그래서 너무 대견하고, 또 경이롭다.

생명이 있는 모든 것을 돌보는 일은 아름답다. 그리고 그것은 마음을 주고받는 일이다. 집에 있는 화초의 이파리 하나조차 아침저녁으로 다른 모습을 보이며 크고, 관심을 주지 않으면 어느새 시들어버리지 않는가. 사랑과 관심이란 생명을 살리는 힘의 원천임에 틀림없다. 하지만 살아가면서 생기는 모든 일에 감정을 쏟기란 너무나 진이 빠지는 노릇이고, 그래서 나이가 들수록 쉽게 공감하지 못하고 쉽게 마음이 동하지 않는 사람이 되어간다. 개인의 삶은 수월하지만 세상은 각박해져가는 것이다.

조건 없이 무언가를 내준다는 것은 그것이 무엇이 됐든 쉽지 않은 일이다. 하지만 직접 겪고 경험해본 사람과 그러지 않은 사람이 보이는 삶의 결은 달라진다. 화폐로 가늠되는 일이 아닌, 알 수 없는 마음의 영역에 한해서는, 나는 아파도 부딪쳐보는 쪽을 권한다. 넘어져도 일단 뛰어야 한다 생각한다. 그래야 타인의 고통에 공감하고 내 삶의 기준으로 타인을 함부로 판단하지 않게 되기 때문이다.

조건 없이 사랑을 내어주고, 마음이 흐르는 방향으로 거침없이 따라가고, 넘치게 사랑하고, 마음껏 아파하고 슬퍼할 수 있는 아이를 보면서, 그렇게 마음도 사랑의 근육도 크는 거라는 생각이 들었다. 상실의 서러움에 우는 아이 옆에 앉아서 나는 가만히 등을 어루만져주었다. 그리고 그날 이후 우리는 한동안 순두부를 먹지 못했다.

그래도

사람이

좋아서

친구가 말했다.

"앞뒤 없이 너무 마음을 줬지?"

그랬다. 덮어놓고 너무 마음을 준 것, 그게 문제라면 문제의 시작이었다. 우연인 듯 필연인 듯 운명인 것처럼, 찌릿, 뭔가 통한 듯 닮은 구석도 세상 보는 눈도 비슷한 그에게 나는 마음을 덩어리째 던져주고 말았다. 잘 던지고 잘 받아야 플레이가 되는 법인데, 몰랐다. 던질 땐 스트라이크라고 생각했는데, 열의 일곱이 엉뚱한 곳을 맞힌 데드볼이었다. 내가 던진 공이 모두 비껴간 똥볼이었다는 걸 깨달은 날, 변한 게 무엇인가를 생각했다. 변한 건 없었다. 수많은 삶의 부분 중에 어느 하나가 기가 막히게 맞아떨어졌을 뿐, 모든 것이 같지 않았다. 그렇게 맞아떨어진 한 부분을 확대해 해석하고 판단하며 마음대로 상대방을 규정지어버린 건 나였다.

관계 플레이에서 똥볼을 던진 적은 사실 이번이 처음은 아니었다. 고등학교 3학년 때 단짝 친구가 하나 있었다. 우리는 고3 첫날, 사물함 들고 새 교실에 들어서던 순간부터 친해졌다. 수더분한 성격에 내가 무슨 이야기를 하든 차분히 웃어주는 친구의 말간 얼굴이 참 좋았고, 나의 이야기를 귀담아듣고 단어 하나하나에 정성스럽게 반응해주는 친구의 웃음에 너무도 행복했다. 그 친구의 웃음이 나를 행복하게 했으므로 나는 그 친구를 웃게 하는 것을 고3 내내 나의 즐거움으로 삼았다.

친구는 부모님이 시골에 계시고, 대학생 언니와 군대 간 오빠, 중학생 동생, 이렇게 넷이서 대구에서 자취를 하고 있었는데, 내가 고등학교 다닐 때만 해도 급식 시스템이 없었기 때문에 매일 점심과 저녁 두 끼 도시락을 싸야 했다. 그러나 도시락 싸는 게 어디 만만한 일이던가. 사는 집에 성인이라고는 대학생 언니밖에 없던 친구는 당연한 결과로 하루걸러 한 번씩 도시락을 싸 오지 않았다.

나는 내 도시락을 당연한 듯 친구와 나눠 먹었다. 점심과 저녁 도시락을 점심시간에 친구와 하나씩 나눠서 먹고, 저녁은 둘이서 교내 매점에서 빵이나 라면을 사 먹었다. 나는 친구에게 해줄 수 있는 것이 있어 행복했고, 그 친구를 생각하는 마음이 그만큼 크다는 걸 그렇게라도 표현하고 싶었다. 아니, 다시 생각해보면 도시락을 나눠 줄 특별한 친구가 있고, 그래서 나도 누군가에게 중요한 존재라는 의미를 찾고 싶었던 건지도 모른다.

고등학교 3학년 2학기로 접어들자 학교에서는 특별 야간 자율학습 시간을 만들었다. 원하는 학생에 한해 기존 10시에 끝나던 야간 자율학습을 12시까지 연장한다는 거였는데, 특별 야자를 할 수 있는 학생은 제한적이었다. 버스도 끊기는 시간인 만큼 집이 도보 거리에 있거나 부모님이 데리러 올

여건이 되는 학생만 신청이 가능했기 때문이다. 친구는 특별 야자를 하고 싶어 했지만, 하교를 책임질 부모님은 시골에 계셨고, 언니는 차가 없었다. 난 친구를 집까지 데려다주는 조건 아래 특별 야자를 하고 싶다고 아빠에게 부탁했다. 그렇게 수능을 치기까지 두 달간 꼬박 아빠는 매일 밤 12시 딸의 학교와 딸 친구의 집, 그리고 우리 집의 트라이앵글을 그리며 대구 시내를 오갔다.

그리고 수능 다음 날. 그날부터였다. 친구는 나를 피하기 시작했다. 대화는 물론 눈길까지 피했다. 도무지 영문을 모르는 나는 왜 그러냐고, 무슨 일이냐고, 혹시 내가 무슨 실수를 했냐고, 물어도 보고 편지도 써봤지만 돌아오는 대답은 없었다. 그 대신 고3 졸업식 날 쪽지 하나가 나에게 전해졌다.

널 처음 보는 순간 그냥 싫었어. 하지만 입시에 방해받고 싶지 않아서 참고 지낸 것뿐이야. 수능 끝났으니 너와 친하게 지낼 이유가 없다고 생각해. 잘 지내라.

차라리 아무 말도 하지 말지. 이 쪽지 하나로 나의 고3 졸업식은 내 인생 최악의 날이 되었으며, 고3 1년의 모든 시간이 모욕과 농락의 시간으로 남았다. 딸의 부탁에 매일 밤 운전을 자처한 아빠의 배려까지도.

그 후 정확하게 20년 뒤, 그 친구와 나는 한 초등학교에서 다시 만났다. 내 아이의 초등학교 입학식에서 1학년 교사와 학부모로. 다행히 그 친구가 우리 아이의 담임은 아니었으므로 대화를 나눈 적은 없지만, 교문 앞에서 우연히 눈이 마주쳤을 때, 아주 잠깐 흔들리던 그녀의 눈동자는 분명히 상대에게도 나의 존재가 인식되었음을 말해주었다.

이유야 어찌 되었든 나에게 충격적이던 일은 그 친구에게도 분명 어떤 특정한 감정을 제공했을 것이다. 어렵다거나 못났다거나 생각이 짧았다거나 혹은 그럴 수 있는 일이었다거나. 하지만 그 정도의 이해로 20년이나 지난 일을 다시 들추어 시시비비를 가리거나, 처음부터 없던 일처럼 행동할 수는 없었으므로, 그 친구와 나는 서로 모르는 사람으로 남았다. 결정적으로 모든 이유가 궁금하지 않을 만큼 많은 시간이 지나 있었다. 20년이란 시간의 강을 넘어 그때와는 다른 입장에서 만난 우리는 그렇게 학창 시절의 기억과 인연을 그 시절 안에 가두고 봉인했다. 그리고 아직까지도 이유를 모르는 그때의 그 기억은 이후 함부로 사람에게 마음을 주지 않겠다는 나의 다짐이 되었다.

하지만 고백하건대 그 다짐은 번번이 실패로 끝났다. 타고나기를 사람 좋아하고 외로움을 못 견디는 나는 불나방처럼 타서 재가 될지언정 있는 것 없는 것 다 퍼주기를 반복했고, 지금까지도 나는 그런 내 모습을 주기적으로 발견하고 있다. 알면서도 하는 건 도리가 없고, 뻔히 보이는 결말을 애써 외면하며 다른 기대를 거는 습관도 이쯤 되면 재능이다.

그런 내게 친구가 건넨 "너무 마음을 줬지?"라는 말은 잠시 잊고 있던 나의 재능을 다시금 깨닫게 했다. 조금의 주저함도 없이 내 삶에 사람을 들인 게, 내 마음을 흔들리게 하고 있는 거였다. 나이에 맞는 관계의 선과 깊이가 따로 있다고 생각진 않지만, 그럼에도 과할 정도로 믿고, 의지하고, 좋아했다. 앞뒤 없이 마음을 너무 주는 일이 종내는 탈이 나고 마는 건, 남은 게 없기 때문이다. 내 것을 조금만 남겨두었다면, 하루아침에 마음 빈곤 상태가 되어 비참해하지 않아도 될 텐데. 하지만 이 사실을 알았다 하더라도 나는 마음을 주고야 말았을 것이다. 그건 어쩔 수 없는 타고난 내 재능이니까.

앞으로도 마음을 주지 않을 자신은 없다. 그동안의 경험으로 미뤄보건대, 마음이 비어서 가슴을 끓고 있을 땐, 반드시 다른 누군가가 와서 자신의 마음을 나눠 채워주게 된다. 빨리 오느냐 조금 늦게 오느냐의 차이일 뿐, 마음이 텅 비어 망한 적은 없었다. 이런 경험 또한 사람을 좋아하는 재능을 키우는 데 한몫했음이 틀림없다.

다만 이제는 뿌옇게 휘몰아치는 감정의 소용돌이 속에서 갈피를 잡지 못한 채 답답한 마음 부여잡고 애를 끓이던 때와는 다르게 내 마음이 무엇 때문에 힘들고 아픈지 들여다볼 여유 정도는 생겼다는 것, 변해버린 감정과 관계와 인연에 아파해봤자 득이 아닌 독만 된다는 사실을 깨닫게 됐다는 것, 그 정도가 수많은 상처로 얻은 교훈이라면 교훈이랄까. 그리고 이제 조금은 알 것 같다. 그때의 나와 그때의 너는, 지금의 나와 지금의 네가 아니라는 걸, 모든 인연은 모든 좋은 시절의 인연이었다는 걸.

내가 가는 길에 또 어떤 인연을 만나고 마음을 나누게 될지 모르지만, 다시 마음 앓이를 하게 되더라도 이제는 그 깊이와 시간을 단축하는 훈련을 해보려고 한다. 어쩌면 쉰이 넘고 예순이 넘어서도 앞뒤 없이 마음을 줄 수 있는 사람을 만난다는 건 대단한 행운일지 모르니까. 단, 사기꾼만 아니라면.

그래서 나는 생각한다. 다시 사람에게 빠지지 않을 자신이 없다고.

세상에

원래 그런 것은

없다

"왜 경찰관은 '아저씨'고 의사는 '선생님'일까."

얼마 전 내 눈을 잡아끈 기사의 제목이다. '아차' 하는 깨달음이 뒤통수를 쳤다. 늘 쓰는 말이지만 음절 하나하나 어미 하나하나를 살펴본 적은 없었는데 아무렇지 않게 쓰던 말을 한 겹 들추자 그간 인지하지 못했던 직업에 대한 비하와 차별이 드러난 것이다. 수많은 사람이 약속이나 한 듯 쓰고 있지만 일부러 의도해서 그렇게 말하는 이는 아무도 없을 것이다. '홍시 맛이 나서 홍시 맛이 난다'고 한 것처럼 으레 그렇게 배우고 읽고 들어왔으니 당연히 그렇게 말해왔을 뿐, 진정 모르는 거다. 해당 기사는 직업에 대해서는 중성적인 표현을 쓰는 것이 바람직하며, 그러니 소방관 아저씨, 경찰관 아저씨, 미용실 아줌마가 아닌 소방관, 경찰관, 미용사로 쓰는 것이 더 좋은 표현이라고 설명했다.

의심하지 않고 관성적으로 하는 일은 곧잘 잘못된 관습과 선입견을 만들어낸다. 이런 경향은 도덕적인 영역에서 더욱 강하게 작용하는데, 사람이라면 으레 당연히 지켜야 할 도리라는 말로 모든 책임과 의무를 지우기 때문이다. 그 가운데 가장 무서운 말은 옛날엔 어머니, 지금은 엄마가 아닐까.

인천의 한 가정집에서 엄마가 집을 비운 사이 열 살과 여덟 살짜리 두 아이가 라면을 끓여 먹다가 화재가 발생하는 일이 있었다. 이 사고로 두 아이는 생사를 오가는 큰 화상을 입었고, 안타까운 사연이 세상에 연일 보도됐다. 그날 아이들은 코로나19로 원격수업을 받느라 학교에 가지 않고 집에 있었다. 사고 당시 엄마는 집에 없었고, 아이 둘이서 라면으로 점심을 해결하려다 실수로 불이 난 모양이었다. 정확한 내막은 알 수 없으니 감히 내가 판단할 일은 아니지만 그럼에도 내 마음을 불편하게 했던 것이 있었다. '어린아이 둘'과 '엄마의 외출'이란 말이 순식간에 '방치와 방임, 학대'로 귀결되며 언론을 통해 확대 재생산됐다는 점이다. 물론, 조사 결과 학대와 방임으로 결론이 날 수도 있겠지만 '엄마가 집을 비운 사이'가 섣불리 학대의 정황이 될 수는 없다. 예상할 수 있는 가정은 여러 가지다. 코로나19 탓에 많은 부모가 돌봄 공백으로 곤란을 겪었으니 화재가 난 집이 그 가운데 한 가정일 수 있고, 어쩔 수 없이 혼자 일을 해서 아이를 부양해야 하는 상황이었을 수도 있다. 그도 아니면 그저 엄마가 잠깐 친구를 만나러 간 사이에 화재가 났을 수도.

그러나 앞뒤 맥락이 생략된 채 모든 책임 추궁의 끝에 엄마만 남고 마는 기승전'엄마'는 엄마로 하여금 무엇도 하지 못하게 강제한다. 어떻게 엄마가 아이를 두고 자리를 비우나, 그런데 엄마는 뭐 했나, 그래도 엄만데 그러면 안 되지, 하는 말은 이 사회에서 엄마를 돌봄 노예로 박제할 뿐이다.

내가 따로 가르쳐주지 않았지만 우리 아이가 초등학교 4학년이던 어느 날 집에서 친구와 함께 라면을 끓여 먹은 적이 있다. 난 혼자서도 조심히 잘했다고 대견해하며 아이의 등을 토닥여주었고 다음엔 다 먹은 그릇은 설거지통에 담아 놓으라고 조언했다. 다행히 그날 불은 나지 않았고, 난 학대의 주인공이 되지 않을 수 있었다.

관습이란 학교에서 교과서로 배우는 것이 아니다. 태어나는 순간부터 숨 쉴 때마다 콧속으로 들어가는 먼지처럼 우리 몸 안에 조금씩 쌓인다. 그리고 시간이 지나면 어느새 단단하게 굳어 별 자각 없이, 원래 그러했다고 믿으며 살아가게 된다. 그렇게 무의식중에 공기처럼 스며들어 있는 것들을 의심하지 않을 때, 우리는 스스로를 그 말 속에 가두게 될지도 모른다.

'욕망'이란 단어는 특히 남성의 것일 때와 여성의 것일 때 쓰임새가 판이하다. '욕망'이라는 두 음절의 단어가 주는 느낌은 상당히 오묘하다. 아마 이 단어에 덧씌워진 선입견이 한쪽으로 치우쳐 있기 때문일 것이다. 또 거기에 '여자'라는 말이 붙으면 다른 해석의 여지 없이 완전히 한쪽으로 흘러가 버린다.

인터넷에 '욕망'이란 단어를 검색해보면 대부분의 영화와 책, 기사 등에서 분야는 다를지언정 많은 경우 '성性'적인 것으로 귀결되고 있음을 알 수 있다. 재미있는 것은 그 욕망이 다뤄지는 방식이다. 남성의 욕망은 여성의 몸에 대한 갈망이고, 여성의 욕망은 몸으로만 한정되어 바라봐지는 그 욕망에 대한 해방이다. 욕망이란 단어를 관습적으로 소비하는 주체는 남성이요, 소비되는 대상은 여성으로 굳어지면서 사회적 의미가 완전히 달라진 것이다.

또 남성의 욕망은 출세욕, 권력욕, 명예욕, 승부욕 등 다방면에 자주 쓰이는 반면, 여성의 욕망은 어디에 쓰이는지 언뜻 떠오르지 않는다. 여성의 욕망은 세상이 바라보듯 그렇게 단순하지 않은데도 왜 한 방향으로만 귀결되는 것일까. 어쩌면 욕망이라는 단어가 오래도록 남성의 것이었기 때문은 아닐까. 욕망이 오래도록 남성의 단어였다는 사실은 오래 생각해보지 않아도 알 수 있다. 간호사보다 의사가, 성악가보다 지휘자가, 비서보다는 사장이 당연히 남성일 것이라 상상하는 근거는 우리가 사는 동안 이 사회에서 체득한 관념이다. 이러한 고정관념 속에서 허락된 여성의 욕망은 이래도 돌봄, 저래도 뒷바라지일 뿐, 그 속에서 여성 본인을 위한 성취와 명예, 권력욕은 찾아볼 수 없다.

그럼에도 많은 경우 여성들은 자신의 삶이 자유로운 선택에 의해 만들어지는 것이라 생각한다. 하지만 '하고 싶다'는 욕망은 밖이 아니라 내 안 깊은 곳에서 비롯되는 것이다. 진짜 하고 싶은 것이 무엇인지 알기 위해서는 그저 세상이 정한 대로 따라가는 게 아니라, 외부의 조건 및 요구와 관계없는 내면 깊은 곳의 욕구를 들여다봐야 한다. 어쩌면 직업도, 육아도, 결혼도 모든 것이 딱 그 정도 하는 게 제일 잘하는 거라고 학습되어온, 그래서 처음부터 그런 기준을 바탕으로만 생각하고 선택해온 것은 아닐까. 태권도가 아닌 피아노 학원을, 웅변학원 말고 미술학원을 가야 했던 것처럼, 그리고 남자라면 당연히 가는 공대보다 여성이기에 가정대가 더 현명한 선택이라 생각했던 것처럼. (학문에는 남녀가 없다. 선택하는 남녀만 있을 뿐이다.)

말은 이렇게 하지만 나 또한 어쩔 수 없는 대한민국 40대 여성이다. 그 때문에 이러저러한 욕망 앞에서 자주 내 무릎을 꿇리는 건, 아이와 남편, 가정의 일일 때가 많다. 모든 순간에 아이 먹일 밥을 생각해야 하고, 돌봄 공백에 대한 걱정부터 한다. 자칫 일 때문에 늦는다거나 주말 저녁에 시간을 내야 할 사정이 있을 땐, 누가 뭐라고 하지 않는데도 괜히 미안한 마음이 든다. 내가 하고자 하는 모든 것은 밥과 돌봄이라는 문제가 해결되어야만 가능해지는 것이다. 그래서 많은 경우 가족 모두가 잠든 야심한 시간이나 모두가 깨기 전 이른 새벽 시간을 쪼개 잠을 버리고 일을 하기도 한다. 이런 나에게 책을 읽겠다는 욕망, 일을 하겠다는 욕망, 지금 하는 일을 좀 더 욕심내어 잘해보겠다는 욕망 중에 에로틱한 것이 어디 있단 말인가. 여성인 나의 욕망은 '에로틱'하기보다 오히려 '서바이벌'에 가깝다.

옛말 그른 거 하나 없다고들 한다. 이 논리에 근거하면 나보다 나이가 많은 어른이 하는 말은 틀린 것이 없으며, 그러니 당연히 따르는 게 옳다. 하지만 시대는 변하고 사고도 변하는 법이다. 변화하는 모든 것은 절대적이지 않다. 따지고 보면 옛말 그른 것 참 많다. 21세기 온라인 시대에는 아니 땐 굴뚝에도 연기가 풀풀 난다. 남자가 부엌에 들어가면 뭐가 떨어진다지만, 요즘엔 부엌을 아주 직장으로 삼기도 한다. 평생직장이 없어진 시대에 한 우물을 파는 일은 어리석음의 표본이 되었으며, 사공이 많으면 배가 산으로 가는 것이 아니라 여러 아이디어로 산을 옮길 수 있을지도 모른다.

관습은 역사적 전통, 옛 선현들의 삶의 양식을 살펴보게 하는 중요한 사료다. 그러나 그것이 현재의 옳고 그름에 대한 판단 기준이 될 수 없고 삶의 잣대는 더더욱 아니다. 시간은 과거에서 미래로 흐르고, 관습 또한 그 흐름 위에서 변화한다. 세상에 원래 그랬던 것은 없다. 원래 그러기를 바라는 누군가의 고집이 있을 뿐이다.

3
part

✛

노동과 연대의 가치를 생각하며

✛

우리는

서로

연결되어 있다

스릴러 영화나 재난 영화에는 종종 이런 장면이 나온다. 깊은 바닷속, 조난당한 다이버들, 구조는 요원한 상황. 사방에는 피 냄새를 맡고 언제 공격해올지 모르는 상어 떼가 도사리고 있고, 설상가상으로 산소통에 남은 산소는 겨우 20퍼센트. 이제 믿고 의지할 건 단 두 명의 다이버들뿐이다. 관객은 절망한다. 누가 봐도 이건 끝난 게임이기 때문이다.

하지만 끝날 때까지 끝난 게 아니라고 했던가. 희망이라곤 1퍼센트도 없어 보이는 절망적인 상황이지만, 다이버들은 서로를 향한 믿음과 의지를 부지깽이 삼아 꺼져가는 불씨를 살려내듯 생의 의지를 불태우고, 산소마스크를 서로 나눠 끼며 가까스로 감동적인 탈출의 결말을 보여준다. 이렇듯 대부분의 재난 영화가 불행으로 끝이 나지 않는 것은 나부터 살고 보겠다는 이기심보다, 삶도 죽음도 함께하겠다는 연대를 기본 원칙으로 두기 때문이다. 영화 속 조난당한 다이버들 또한 상대방이 내 몫의 산소까지 다 마셔버리지 않을 거라는 굳은 믿음과 그 믿음을 저버리지 않으려는 강인한 절제와 배려가 있기에 탈출에 성공할 수 있었다.

얼마 전, 서울에서 마스크가 도착했다. 발신인은 방송작가유니온. 보라색 비닐로 잘 봉해진 우편물을 보는 순간 한눈에 알았다. 마스크다. 지난 2020년 2월 18일 이후 코로나19로 대구가 발칵 뒤집어진 뒤, 전국적으로 방송국은 비상이 걸렸다. 하루가 다르게 늘어가는 확진자 수를 비롯해 코로나19 상황을 실시간 속보로 내보내고 현황과 대책, 앞으로의 예측을 방송으로 전하느라 눈코 뜰 새 없는 날들이 이어졌다. 코로나19의 본격적인 확산 진원지인 대구는 말할 것도 없었다. 갑작스레 들이닥친 재난에 대구 시민 모두가 집

안으로 숨어들었지만, 오히려 방송국 작가들은 한 사람도 빠짐없이 출근해야 하는 상황이 됐다. 그때부터 코로나19 특집 방송이 시작됐기 때문이다.

내가 일하는 방송국은 코로나19 확산의 진원지인 대구, 그 가운데서도 신천지 교회와는 지하철로 두 정거장 떨어진 곳에 있고, 확진자가 대거 발생한 여성 신천지 신도들이 입주해 있다는 아파트도 그리 멀지 않은 곳에 있다. 그리고 무엇보다 신천지 교인들이 사용하는 교육 시설이 바로 방송국 옆 건물에 입주해 있으니, 그야말로 매일 불구덩이 속에 뛰어드는 심정으로 출근한다는 말을 실감할 정도였다. 당연히 우리에겐 마스크가 생명줄이 됐다. 마스크 구하기가 하루 일과의 가장 중요한 과제가 됐지만, 이미 세상의 마스크는 동이 난 상황이었다.

그때, 방송작가유니온 전체 조합원이 있는 채팅창에 유니온 사무국의 메시지가 떴다. '어려운 시기인 줄 알지만 십시일반 마스크를 모아 대구경북 지역 작가들에게 나눔을 해보려 하니 마음을 모아달라'는 것이었다. 그 메시지를 보는 순간, 고맙다는 단순한 말로는 표현할 수 없는 감정이 밀려왔다. 고마움과 감동을 넘어선, 안정감과 든든함이라고 해야 할까. 방송작가가 된 순간부터 각자도생의 생존법이 DNA에 새겨진 나는 어디서도 이러한 사회적 배려를 받아본 적이 없다. 프리랜서이기 때문에 어쩔 수 없는 일이라지만, 그럼에도 회사 단위로, 사업장 단위로 노동자들이 서로가 서로의 힘이 되어주며 움직이는 모습은 어디에도 소속되지 못한 나에게 부러움과 아쉬움이란 단어로, 적자가 되지 못한 서자의 아픔처럼 해결되지 않는 갈증으로 늘 마음 한구석에 남아 있었다. 그런데 누군가 나를 위해, 우리를 위해 멀리서 마음을 모으겠다고 한다. 얼굴도 모르고 이름도 모르는 그 누군가들이 방송국 내 안전망에서 늘 제외되곤 하는 프리랜서 방송작가들을 위해 십시일반 마음을 모아준단다.

곧이어 그 밑으로 수많은 댓글이 달리기 시작했다. 한 장이라도 괜찮은지, 면마스크도 가능한지, 마음은 굴뚝이지만 나눌 만큼 여유롭지 못해 미안하다는 말 등을 포함해 이어진 수많은 응원과 격려의 메시지. 그 메시지들을 본 순간, 나는 이미 마스크를 받지 않아도 되었다. 그것만으로 나는 마스크 수천 장을 받은 것보다 더 큰 위로를 얻었기 때문이다.

지금 이 시기에 마스크를 내어준다는 건, 심해에서 생명을 담보로 산소마스크를 나누는 것과 같고, 하루하루 안심하고 살아갈 수 있는 일상의 기적을 선물하는 것과 같다. 그렇게 십시일반 모아진 마스크는 대구경북 방송작가들의 인원수에 맞게 나뉘어 1인당 6장씩 필요한 곳으로 배송됐다. 그리하여 코로나19로 정신없던 어느 날, 6일 치의 일상을 선물 받은 나는 그보다 훨씬 오래 든든했으며, 그 후로 줄곧 깊은 안정감과 소속감을 느끼고 있다.

혹시 모를 감염 우려로 서로가 서로를 의심의 눈초리로 바라보아야 하던 때가 있었다. 사회적 거리두기라는 문화가 제대로 정착하기 전, 사람들은 주변에서 몸이 조금이라도 이상하다고 하면 코로나19 아니냐며 눈치를 주고, 행여 마스크를 착용하지 않은 사람에게는 불편과 불쾌의 눈빛을 던졌다. 사람이 사람을 이토록 거부할 수도 있는 건가 싶은 생각마저 들었다.

하지만 사람들은 결코 이기의 나락으로 떨어지지 않고 오히려 연대감을 구축하는 방향으로 나아갔다. 새로운 인사법이 등장하고, 행여 사회안전망에서 벗어나는 사람이 있을까 관심을 촉구하고, 자발적으로 나서서 음식과 수고를 나누며 촘촘히 서로의 삶을 연결하고 이어나갔다.

물론, 그 모든 것에는 그간의 자유롭고 편리한 생활을 포기해야 하는 불편함이 따랐다. 그럼에도 사람들은 서로를 의지하며 연대하기 시작했다. 사람 마음만큼 간사한 것도 없다지만, 사람 마음만큼 한 사람을 살리고 사회를 일으켜 세우는 힘도 없을 것이다. 코로나19가 가져온 불행과 아픔, 그리고 슬픔 속에서 그런 경험을 한 것은 나뿐만이 아닐 것이다. 아마 대한민국 국민 모두가 뜨거운 소속감과 공동체의 든든함을 느끼지 않았을까. 우리는 모두 연결되어 있었다.

사실 우리는 그런 사람들이었다. 100여 년 전에는 나랏빚을 갚겠다고 국채보상운동을 일으켰고, 외환위기를 겪을 땐 너도나도 집 안의 금붙이를 들고나왔으며, 기름 유출 사고로 태안반도가 검은 기름띠로 뒤덮였을 땐 전 국민이 수건 들고 쫓아가 내 집 안방 닦듯 열심히 닦았다. 어디 그것뿐이겠는가. 사건 사고가 일어나는 현장에는 제일 먼저 시민들이 두 팔 걷어붙이고 뛰어가 품을 나누고, 밥을 나누고, 마음의 온기를 나누며 서로가 서로를 살려냈다. 우리의 DNA는 그런 것이다.

어떤 일이 벌어지면 누군가는 과감한 정책이 필요하다고 말하고, 또 누군가는 좀 더 이기적이어야 한다고 말하고, 또 다른 누군가는 대안 없는 지적을 해대기도 한다. 하지만 그런 가운데서도 수많은 시민은 흔들림 없는 묵묵한 일상을 일구어가고, 그런 묵묵한 마음들이 얽히고설켜 또 다른 누군가의 일상을 떠받친다. 그렇게 넘어지지 않고 일어선 누군가는 또다시 다른 이의 구멍 난 삶을 메우며 다시 이어지고 이어져 세상을 촘촘하게 만들어간다.

'사회적 거리두기'는 거리를 둠으로써 건강한 관계와 문화를 새롭게 구축하고 있다. 멀리 있으나 마음은 떨어져 있지 않다는 무언의 표현들을 생산해내고, 서로 간의 직접적 피해는 줄이고 유대감은 키우며 오히려 끈끈한 정으로 우리를 하나로 묶고 있다. 우리는 그렇게 관계에 바람을 통하게 함으로써 더욱 건강한 사회를 만들어가고 있는 중이다. 전문가들은 말한다. 앞으로의 세상은 코로나19 이전과 이후로 나뉠 것이라고. 어떻게 나뉘고 어떻게 바뀔지는 모르겠지만, 나는 그것이 결코 절망적이지는 않을 것이리라고 생각한다.

우리 사이에
그런 계약은
말자

어느 날 내가 일하고 있는 방송국에서 계약서 체결 바람이
한차례 휩쓸고 지나갔다. 그동안 계약서를 쓰지 않고 버티던
열 명 남짓한 작가들이 편성제작국장의 권유에 못 이겨 결국
계약서에 사인했다. 계약 기간 1년짜리 계약서였다.

2017년 말, 문화체육관광부는 방송작가들을 위한 안전장
치로 '방송작가 집필 표준계약서'를 마련했다. 2018년 가을,
내가 일하고 있는 정부 공공기관 산하 방송국에서도 작가를
비롯한 프리랜서들을 대상으로 계약서 체결에 관한 권고 공

문이 내려왔다. 그러나 당시 작가들은 계약서에 사인하지 않았다. 계약 기간 6개월짜리 계약서로는 결코 고용 안정을 기대할 수 없었기 때문이다.

방송작가 집필 계약서는 기본적으로 계약 기간이 6개월이다. 대부분 방송 프로그램의 기획과 종료가 봄가을 6개월 단위의 개편 시기에 맞춰지고, 제작진 구성도 그에 따라 이루어지기 때문이다. 하지만 일부 프로그램은 프로그램의 기획에 따라 그보다 더 짧은 몇 개월 단위로 방송 제작진이 이합집산한다. 시청률에 따라 순식간에 프로그램이 없어지는 경우도 있다. 그 때문에 제작진이 벼락 해고 통보를 받는 일도 허다하다. 이렇게 보면 말 한마디로 고용과 해고가 반복되는 시스템 안에서 6개월이란 고용 보장 기간은 상당히 유의미할 수 있다. 그러나 이것은 순전히 수도권의 이야기다.

수도권을 제외한 나머지 지역, 즉 '지방'이라 일컬어지는 곳으로 가면 상황은 또 달라진다. 방송국이 많지도 않거니와 방송 인력풀이 한정적인 데다, 인프라까지 제한적인 지역에서는 한 방송국에서 10년 20년 일하는 방송작가들이 수두룩하다. 이 경우 6개월짜리 계약서는 달리 말하면 '계약 종료'라는 이름으로 행해지는 해고의 명분이 될 수 있다. 실제로 방송작가 집필 표준계약서가 그렇게 활용된 사례가 있었다. 수년간 일 잘하던 작가에게 계약서를 들이밀며 "계약이 종료되었으니 이만 나가주십시오"라고 하는 경우 말이다.

계약契約의 근본적인 뜻은 인연의 약속, 관계의 약속이다. 하지만 그 계약이란 것에 평등과 배려는 없다. 게다가 계약직도 파견직도 일용직도 아닌 '프리랜서' 신분의 방송작가는 그 '계약' 관계에서 '갑'도 아니요 '을'도 아니며, '병'보다 못한 '정'의 위치에 있을 가능성이 크다. 프리랜서라는 이유로 '프리'하게 말 한마디로 고용하고 해고하는 일이 비일비재한 것이 이 업계이다. 그런 방송작가들을 보호하겠다고 만들어낸 '계약서'라면 좀 더 현실적인 내용을 담아낸 문서여야 하지 않았을까. 오늘날 이곳의 노동이란 방송작가, 특히나 관심 밖의 구역에 있는 지역 방송작가들에게는 어떤 보호도 해주지 못한다.

"형식적인 것일 뿐"이라고, "이걸로 무슨 일이야 있겠냐"고, "나라에서 하라는 건데 해야지" 하며 계약서에 사인을 권하던 사람들은 "우리 사이에" "난 그러지 않겠다"라는 말로 인정에 호소한다. 작가들은 '우리 사이'라는 실체 없는 말에 기대를 걸고 1년짜리 계약서에 사인을 했다. 그나마 계약 기간을 1년으로 연장해주어서 다행이라고 해야 하나. 하지만 그들에게 중요했던 건, 계약서 체결률 100퍼센트 달성이라는 결과이지 내용이 아니었을 것이다.

이로써 우리 방송국은 방송작가와 계약서를 체결한 우수 방송사가 됐고, 경영평가에서 좋은 점수를 받을 것이다. 그리고 나는 또 우리는, 겨울이 지나고 내년 봄이 되면 자연계약 종료와 재계약의 기로에 설 것이다. 이듬해 4월이 잔인한 달이 될지 말지는 내 의지와 상관없이 오직 사측의 사'정情'에 달려 있을 뿐이다.

좋은 게
좋은 거라는
말

"좋은 게 좋은 거지, 너무 깐깐하게 그러지 맙시다."

누구나 알고 있는 이 말은 쓰임새가 너무도 일반적이어서 무슨 정언명령 같은 느낌이 들 정도다. 시간과 공간, 위치 등의 모든 조건이 다른 상황에서도 이 말은 언제든 필요할 때 외울 수 있는 주문처럼 살아 있다. 그러나 이 주문을 아무나 외지는 못한다. 오직 권력의 우위를 점한 자만이 할 수 있는 말이기 때문이다.

고3 수능을 마친 나는 피자집에서 생애 첫 아르바이트를 했다. 어느 날 사장님이 주말은 아무래도 손님이 많으니 평일보다 한 시간만 더 일찍 나와 준비를 도와달라고 부탁했다. 열아홉 살이던 나는 어른이 부탁하는 일은 당연히 해야 한다고 생각했고, 그 한 번의 주말은 자연스럽게 매주 주말이 되었다. 문제는 한 달간의 일이 끝나고 급여를 받아 들었을 때였다. 매주 주말 한 시간 더 일했던 만큼의 시급이 빠져 있었다. 왜 그런 거냐는 물음에 사장님이 말했다.

"야, 그 정도 부탁은 그냥 들어줄 수 있는 거 아니냐. 너무 야박하게 그러지 마라. 좋은 게 좋은 거라고, 좀 더 크면 너도 알게 될 거야."

뭐가 깐깐하다는 건지, 누가 누구에게 야박한 건지, 그때는 몰랐다. 정말 좋은 게 좋은 거라고, 그 정도는 웃어넘겨야 좋은 어른이 되는 것인 줄 알았다.

지방 방송은 의도치 않게 '방송 죽는 날'이 종종 있다. 갑자기 서울 본사의 방송 스케줄이 잡히거나, 스포츠 중계 일정에 따라 방송이 취소되기도 한다. 그런 일은 대개 급하게 결정이 나고, 방송 직전 취소가 되는 경우도 허다하다. 그렇게 되면 방송 송출 유무에 따라 원고료를 지급받는 방송작가는 그간의 노동량이 얼마가 됐든 그날 원고료를 공^空치게 된다.

아침 생방송 프로그램을 제작하던 때, 나도 갑작스럽게 방송 취소 통보를 받은 적이 있다. 방송을 불과 30여 분 남겨두고서였다. 제작 준비는 완벽히 마쳤으나 방송이 되지 못했으므로 내 원고료는 0원이 될 처지에 놓였다.

나는 팀장을 찾아가 물었다. 비록 방송은 하지 못했지만 일정 정도의 원고료는 지급해주어야 하는 것 아니냐고. 팀장은 그럴 수 없다고 했다. 규정에 없다는 것이 이유였지만, 나는 물러서지 않았다. 프리랜서에 관한 규정은 이현령비현령과 같은 것이었으므로.

차분하게 시작한 팀장과 나의 대화는 팀장의 고성과 함께 일방적으로 끝이 났고, 나는 제작국 전체의 눈길을 받으며 자리로 돌아왔다. 그리고 몇 시간 뒤, 팀장이 다시 나를 불러 찾아보니 규정이 있긴 하더라며 원고료의 60퍼센트를 지급해주겠다고 했다. 덮어놓고 안 된다고 윽박지른 데 대한 사과 대신, "야, 이제 됐지? 좋은 게 좋은 거 아니냐. 너무 그러지 마라"라는 말과 함께. 그날 이후 나는 '좋은 게 좋은 일'은 결코 좋은 게 아니라는 것을 알게 되었다.

《박완서 소설어 사전》은 '좋은 게 좋다'는 말을 '다소 미흡하거나 석연치 않더라도 큰 문제가 아니면 적당한 선에서 타협하는 것이 서로가 좋은 일이라는 말'로 정의하고 있다. 문제는 그렇게 타협하는 상황에서 양측의 힘과 지위가 동등할 수 없다는 데 있다.

수많은 사람이 석연치 않지만 어쩔 수 없이 적당하게 타협하느라 일터에서 안전을 보장받지 못하고, 노동자의 권리를 주장하지 못하고, 제대로 된 노동력의 대가를 받지 못해 죽고, 다치고, 억울해한다.

손해 볼 것 없는 사람이 자칫하면 손해 볼 수도 있는 사람에게 '좋은 게 좋은 거'라며 하는 말은 결코 좋은 것이 되지 못한다. 그 자체로 거스르지 못하는 위력의 말이기 때문이다. 언제나 친절하게 웃으며 다가오는 '좋은 게 좋은 거'라는 말은 과연 누구에게 좋은 것일까. 적어도 나의 경우 '좋은 게 좋은 것'인 상황에서 내가 좋았던 적은, 열아홉 알바생일 때이든 나이깨나 먹은 방송작가일 때이든, 단 한 번도 없었다.

노동자는

합법적 약탈 위에

존재한다

방송작가들은 오랜 기간 계약서 없이 일해왔다. 그게 관례였기 때문이다. 2017년 말 처음으로 문화체육관광부가 방송분야 표준계약서를 마련했지만, 그것은 노동자로서 보호받을 수 있는 최소한의 방패막이라기보다 지금까지의 관행을 명문화해놓은 문서에 불과했다. 계약서 시행 이후에도 방송사의 말 한마디로 하루아침에 해고당하는 작가들이 여전히 존재하고, 아직까지 계약서를 쓰지 않는 곳 또한 수두룩하다는 것이 그 방증이다.

계약서가 있으나 보호받지 못하는 노동자, 계약서를 쓰지 않아도 아무런 제재를 받지 않는 고용주. 이러한 모순적인 상황이 지속될 수 있는 건 이 모든 것이 합법적 테두리 안에 있기 때문이다. 방송분야 표준계약서는 의무 조항이 아닌 권고 사항이며, 계약서 조항 또한 사측의 상황에 맞추어 임의로 수정할 수 있다.

매년 7, 8월이 되면 다음 연도 최저임금 확정을 위한 협상이 진행된다. 지난해 진행된 최저임금 협상에서는 2022년 최저시급이 9,160원으로 결정됐다. 단어 그 자체만으로도 절박함을 내포하고 있는 최저임금은 국가가 임금의 최저 수준을 정하고, 사용자에게 이 수준 이상의 임금을 지급하도록 강제하는 제도다. 노동자의 안정적인 생활을 위해 적어도 최소한으로 보장되어야 한다는 뜻인데, 현실은 최저가 그대로 실질적 기준이 되고 있다.

열심히 일하고 얻는 대가가 최고는커녕 중간에도 못 미치고 언제나 최저인 현실 또한 법으로 정해진 것이다. 따라서 노동의 양이 과중하게 많거나 부당한 업무가 주어졌다고 해도 노동자가 그에 상응하는 임금에 대한 권리를 더 주장하기는 힘들다. 이미 법으로 정해진 최저임금이라는 큰 벽이 노동자의 권익과 정당한 대가에 대한 요구 의지를 꺾기 때문이다. 고용주는 늘 말한다. 법대로 하는 거라고. 원래 그렇게 정해져 있기 때문이라고. 그러나 그 법이 노동자에게 안정감과 만족감을 주지 못하는 이유는 무엇일까. 법은 만인에게 평등하다는데, 왜 고용주와 노동자에게는 법이 다르게 적용된다고 느껴지는 것일까.

철학자 고병권은 《다시 자본을 읽자》에서 '합법적 약탈'에 대해 말한다. 계약은 생존이 걸린 자와 그 생존을 움켜쥔 자 사이에 이루어진 것이며, 노동자의 불운은 개인적 불운이 아니라 그가 속한 사회의 기하학적 성격에서 비롯한다는 것이다. '약탈'이라는 말이 조금은 과격하게 들릴 수 있지만, 가만히 따져보면 아주 아니라고는 할 수 없음을 금방 깨닫게 된다. 늘 일하는 것보다 적게 돌아오는 대가가 그러하고, 노동량이 많아지면 많아질수록 성장하는 기업과 달리 현상 유지에조차 애를 써야 하는 노동자의 삶이 그러하다.

그렇다. 노동자가 늘 불리한 위치에 있을 수밖에 없는 것은 개인이 처한 상황의 문제가 아닌 사회 구조의 문제에 기인한다. '최저 비용과 최대 효과'라는 비정한 자본의 논리는 사람을 염두에 두지 않는다. 돈은 기업이 벌지만 노동은 사람이 하는 현실에서, 노동자에게는 최저를 적용하고 기업에는 최대 효과를 기대하는 법은 과연 합당한 것일까. 오늘도 그런 비정한 자본경제사회에서 어쩌면 나는 합법적 약탈을 당하고 있는 것일지도 모르겠다.

당당하게 말하는
작가가 되기로
결심했다

20여 년 전, 내가 있는 지역에서 (비록 '노조'라는 거창한 이름
은 아니었지만) 각 방송사 작가들이 모여 부당한 대우에 함께
대처해보려는 움직임이 있었다. 하지만 언제나 그랬듯, 바람
앞의 촛불 같은 자리인 프리랜서는 자기 생각과 목소리를 내
기엔 너무도 불안한 존재였고, 단체랄지, 노조랄지, 모임이랄
지, 무엇으로도 규정하기 힘든 한 번의 회동은 마치 처음부
터 없었던 것처럼 사라져버렸다. (당시, 그 만남의 자리를 주도
했던, 누구인지는 모르지만 아마도 선배였을 그분은 참으로 힘들

었을 것이다.)

내가 스물세 살에 처음 방송계에 입문해 경험한 방송사가 원하는 작가의 조건은 이랬다. 돈 없이도 일해야 하고, 글발보다 체력발이 더 좋아야 하고, 웬만한 성희롱은 언어유희로 생각해 흘려들을 줄 알아야 하고, 피디의 말이 곧 법이므로 감히 피디에게 대들어서도 안 되고, 아무리 실력 없는 피디라도 능력 있어 보이도록 구멍을 메워줘야 하며, 생떼 쓰는 피디들의 억지도 매끄럽게 풀어줘야 함.

'이게 작가냐' 싶었다. 어디 가서 작가라고 말하기도 부끄러웠다. 누가 작가 한다고 하면 애초에 접으라고 하거나, 누군가 서브작가로 들어오면 얼른 그만두라고도 했다. 하지만 그런 나도 오래도록 이 바닥을 떠나지 않고 있는 것을 보면 가히 운이 좋았다는 말로밖에는 설명할 길이 없다. 어쩌면 부당하고, 억울하고, 말도 안 되는 기막힌 일이 나를 피해 가준 덕분일지도.

그렇게 시간이 흘렀을 때 다시 '노조'에 관한 이야기가 들려왔다. 또다시 그 어려운 일을 위해 누군가 부지런히 움직여주고 있다고 생각하니 반가운 마음부터 들었다. 시간이 흘렀고, 세상이 바뀌었으며, 이제 우리의 인내도 임계치에 다다랐으니 자연스러운 일이라 생각했다.

두말 않고 가입 원서를 썼다. 내가 아는 한 내가 있는 지역에서는 당시 최초이자 유일한 조합원이었다. 그리고 어쩌면 내가 있는 지역에서 방송사가 멀리하고 싶은 작가 1순위였을지도 모른다. 하지만 두렵지 않았다. 할 일을 하고 있다는 스스로의 믿음과 미래를 위한 최선에 작게나마 내 몫을 하고 있다는 뿌듯함이 더 컸기 때문이다.

세상의 힘 있는 노조, 실력깨나 행사하는 단체도 처음에는 한 명이 시작해 두 명이 되고, 그 두 명이 또 네 명이 되고, 그리하여 지금의 모습이 되었을 것이다. 지금의 내가 하지 않으면 앞으로 우리는 아무것도 할 수 없고, 저들은 우리를 어쩔 수 없는 집단이라 여기며 지금보다 더 아무렇게 취급할지도 모른다. 나의 가치는 내가, 우리의 가치는 우리가 만드는 것 아닐까. 당장 나 하나 덕 보고자, 돈 몇만 원에 큰 이득 보고자 노조 하는 것이 아니다. 적어도 방송작가의 가치를 증명하기 위해 나는 노조를 한다.

〈나는 이래서 노조 가입했다〉 시리즈는 방송작가유니온이 전국언론노동조합 방송작가지부로 창립한 뒤 노조 가입을 독려하기 위해 작가들이 자발적으로 쓴 글이다. 그 가운데 나는 대구에서는 처음으로 노조에 가입하고, 전국에서는 열두 번째로 이 글을 썼다.

'프리랜서'와 '노조'라니 참으로 어울리지 않는 단어다. 프리하게 개인적으로 일하는 사람들이 왜 노조라는 단체를 만들어 활동하겠다는 것인지 모르겠다는 사람들이 더 많을 듯하다. 하지만 연예계에 김태희와 송혜교, 전지현만 있는 것이 아니고, 스포츠계에 김연아와 박지성, 서장훈만 있는 게 아니듯, 방송작가계에도 김은숙과 김은희, 이우정만 있는 게 아니다. 그 말은 대한민국의 기업과 산업, 노동의 구조를 삼성과 LG 같은 대기업만 보고 판단해서는 안 된다는 뜻이다.

나는 방송작가다. 그리고 프리랜서다. 처음 방송작가가 되었을 때, 합격했다는 기쁨에 들떠, 그리고 너무 어렸던 탓에 노동 시장의 구조를 몰라 프리랜서가 뭔지 알지도 못했고, 알려고 하지도 않았다. 그러나 현장에 투입되어 한두 달 일을 하고 월급도 원고료도 아닌 '바우처'라는 명목으로 지급되는 노동의 대가를 받으며, 방송작가의 현실이 어떤지 어렴풋

하게나마 알게 됐다.

　그래도 그때는 20대였고, 어쨌든 나는 일을 하고 있었고, 매우 적지만 돈을 벌고 있었다. IMF를 갓 넘기고 이제 겨우 진정이 될 즈음, 일을 하고 있다는 것만으로도 스스로 대견하다 여겼기에 그런 거대 노동 시장의 부조리한 구조를 들여다볼 수 없었다. 그리고 무엇보다 스스로도 감정적으로 흔들리는 20대를 감당할 수 없었던 탓에 그런 걸 생각하고 말고 할 주제도 못 되었다.

　그렇게 육칠 년을 일하고, 결혼과 출산을 거치며 나는 자연스럽게 일을 그만두었다. 그런데 문제는 그때부터였다. 일은 그만두었는데 자꾸 일 생각이 났다. 다 지나간 일인데, 일하던 때의 기억과 함께 억울함과 분노가 찾아오기 시작한 것이다.

　나이 먹은 국장과 팀장들이 흘리던 시시껄렁한 음담패설과 돈 받으며 일 배우는 게 너희에겐 얼마나 좋은 기회인 줄 아느냐 묻던 이상한 충고, 원고료가 적다고 건의하면 편의점 알바 하면 더 많이 번다더라 하고 응수하던 같잖은 협박성 발언까지. 그들은 무엇이 그리 당당했던 것일까. 그리고 나는 무엇이 그리 겁이 났을까. 그들은 자신들의 처사가 옳다고 믿었던 것일까. 나는 내가 틀렸다 생각했던 것일까.

정신없이 지내던 시절, 이리 치이고 저리 치이며 제대로 대처하거나 처리하지 못한 채 제쳐두고 억눌러놓은 감정들이 그제야 나를 찾아왔다. 지나고 생각하니, 나이 좀 더 먹고 생각하니, 말이 되지 않는 일이 너무 많았다. 그때 나는 그런 부당함에 왜 제대로 대처하지 못하고 도망 다니기에 급급했을까. 왜 그리 어리석게도 도망가는 행동이 싫다는 의사 표현이라 치부했을까. 그러다 생각했다. 나는 잘못하지 않았으며, 나를 부품 취급하던 조직이, 차별하던 사람들이, 그러한 특수고용이라는 유령 같은 자리를 만들어낸 이 사회가 분명 잘못된 것이었다고.

누군가는 말할지도 모른다. 정 그렇게 억울하고 대우받고 싶으면 제대로 시험 봐서 피디가 되면 되지 않느냐고. 정규직이 되면 괜찮은 거 아니냐고. 하지만 단언컨대 나는 피디가 꿈이 아니었다. 그렇다고 엔지니어도 기자도 꿈이 아니었다. 내가 하고 싶은 일은 처음부터 방송작가였다. 방송국에는 수많은 직종이 있다. 피디, 카메라, 기자, 아나운서, 리포터,

기상캐스터, 디제이, 엔지니어, 그리고 작가. 그 가운데 정규직인 직종도 있고, 그렇지 않은 직종도 있다. 나는 실력이 모자라고 능력이 없어서 정규직 작가가 아닌 프리랜서 작가가 된 것이 아니라, 최선을 다해 서류전형을 통과하고 필기시험을 치르고 면접을 보고 작가가 됐는데, 그게 프리랜서였을 뿐이다.

우리가 뽑았으나 우린 널 책임지지 못한다. 그것이 한 달의 교육 기간 중 제작팀장이란 사람이 첫날 첫마디로 내뱉은 말이었다. 세상 어디에도 정규직 방송작가는 존재하지 않았고, 지금도 거의 존재하지 않는다. ('거의'라는 표현을 쓴 건 TBS 서울교통방송이 최근 몇 년 사이 몇몇 방송작가들과 1년 단위 근로계약을 맺었기 때문이다.) 그리고 정규직이건 비정규직이건, 계약직이건 파견직이건, 일용직이건 특수고용직이건, 고용상 신분의 다름이 어떤 차별의 근거가 될 수는 없는 일이다.

결국은 구조의 문제다. 처음부터 이런 직종을 만들어낸 사회의 잘못, 그리고 그것이 처음부터 잘못되었음을 깨닫지 못한 채 그 굴레 속에서 승자와 패자, 가진 자와 가지지 못한 자로 나뉘어 누군가를 억압하고 핍박하는 사람들의 인식이 바뀌어야 한다. 지금 당장이야 원 안에 있을지 모르지만, 자본의 논리를 따라가다 보면 고통 분담과 경제적 효용이란 명분 아래 마지막 1퍼센트를 제외한 우리 모두는 결국 원 밖으로 밀려날지 모르는 다 같은 운명이기 때문이다.

표면적으로 보면 정규직과 계약직, 프리랜서 등 고용 신분에 따른 편견과 차별 문제일 뿐이지만, 좀 더 깊이 들어가면 정규직 사회에도 생존경쟁과 약육강식의 정글이 펼쳐진다. 치열한 경쟁과 정치, 그 속에서 서로를 물고 뜯는 모습은 이겨도 이긴 것이 아닌 투견판과 다름없다. 결국 이 판을 보고 웃는 자는 오직 한 사람, 판의 주인밖에 없다. 직원 모두는 그가 펼쳐놓은 판에서 열심히 싸워 성과를 내면 일정 정도의 보상을 받고, 그렇지 않으면 버려질 운명이다. 시기만 다를 뿐 결국 우리 모두는 '을'인 것이다.

나는 말하고 싶어졌다. 누구의 잘못도 아니다. 다만 모든 경제적 이익만 우위에 놓고 아래로 아래로 전해지는 인간성 소멸의 사슬을 끊어내고, 인간적 존중 위에 이해와 배려가 우선하는 삶이 필요하지 않겠느냐고. 물론 어렵고 힘들지만,

그래도 그게 바르고 옳은 길 아니겠느냐고. 그러다 보면 세상이 당장은 아니더라도 조금씩이나마 달라지지 않겠느냐고. 그리고 이 세상은 지금까지 그런 마음들 덕분에 발전과 변화를 거듭해왔을 거라고.

그래서 나는 불합리한 구조에 굴복하고 부당한 대우에 서러워 말 못 하고 화장실에 숨어서 우는 작가가 아닌, 당당하게 말하는 작가가 되기로 했다. 심장이 벌렁대고 손은 벌벌 떨리지만, 한번 해보기로 했다.

♠

방송작가유니온은 2017년 11월 11일 전국언론노조 방송작가지부로 정식 출범했고, 2018년 2월 24일에는 대구, 포항, 안동 등의 방송작가를 주축으로 전국언론노조 방송작가지부 영남지회가 출범했다. 이후 지금까지 대구경북은 물론 부산경남과 대전충청지회까지 전국 350여 명의 방송작가가 조합원으로 등록했으며 현재 방송작가들이 정당한 노동의 대가를 받고 안정적으로 일할 수 있도록 활발히 활동 중이다.

방송작가인 나를
부러워하는
너에게

나를 부러워하는 친구가 있다. 그 친구가 나를 부러워하는
이유는 두 가지다. '전문직'이라는 것과 '돈을 잘 번다'는 것.
그런데 이 두 가지에는 큰 차이가 있다. 전문직이란 건 맞는
말이지만, 돈을 잘 번다는 것은 사회 통념상 '방송작가'가 주
는 이미지에서 비롯된, 전적으로 친구가 매긴 '상상값'이기
때문이다.

최근 각종 매체에서 방송작가의 존재감이 다각도로 드러
나고 있고, 몇몇 유명 작가들의 원고료가 화제에 오르면서

전문직으로서의 '방송작가'가 재조명되고 있기도 하다. 아마 이런 이미지화된 선입견이 내 친구의 '상상값'을 만드는 데 한몫하고 있을 것이다. 하지만 그건 지역 방송작가의 현실과는 아주 동떨어진 이야기일 뿐이다.

방송작가의 소득에는 크게 두 개의 평균치가 존재한다. 수도권과 그곳을 제외한 나머지 지역. 그리고 이 두 경우의 격차는 심리적으로 서울과 부산의 거리쯤 된다. 그만큼 지역 방송작가들의 현실이 열악하다는 의미다.

한번은 언론노조 방송작가지부에서 제작하는 팟캐스트에 출연한 적이 있다. 주제는 지역 방송작가들의 애환에 대한 것이었는데, 그때 진행자가 말했다. 본인도 서울에서 방송작가 생활을 하고 있지만, 가끔씩 힘들면 지방에나 내려갈까, 그런 생각을 한다고. 영화 〈리틀 포레스트〉처럼 쉬엄쉬엄 일하면서 많지는 않아도 적당히 벌 수 있을 테니, 훨씬 여유롭지 않을까 싶다고. 그런데 그 뒤 한참 동안 이어진 나의 이야기를 곰곰이 들은 진행자가 말했다. "함부로 지방 방송국으로 갈 생각 하면 안 될 것 같은데요. 정말 그 원고료로 생활이 가능한가요?"

지난 2018년 방송작가유니온이 지역 작가들을 대상으로 원고료 실태 조사를 했다. 당시 KBS와 MBC 등 지상파 지역 본부, SBS 네트워크 등 민영방송과 더불어 비수도권 지역의 방송국에서 일하고 있는 190여 명의 지역 작가들이 설문에 참여했다.

그렇게 조사한 결과에 따르면, 지역 작가들의 월평균 추산 급여는 150~200만 원(36.5%), 100~150만 원(25%), 200~250만 원(21.9%) 순으로 나타났고, 응답자의 연령은 평균 40대 전후가 가장 많았다. 그러니까 마흔까지 일을 해도 월 200만 원 벌기가 힘든 상황이라는 것이다. 방송작가는 근로기준법상 근로자로 인정받지 못하므로 최저임금을 적용받지 않는다. 게다가 근로자라면 당연히 주어지는 4대 보험과 시간 외 수당이며 야간 수당 같은 각종 수당 또한 없다. 그래서 당시 방송작가유니온은 "지역 방송작가들의 노동인권에는 원고료 인상과 계약(대부분 구두계약이다), 산재보험세 가지가 없다"라고 지적한 바 있다.

최근 코로나 사태로 방송계는 또 한 번의 어려움을 겪고 있다. 더군다나 지역 방송은 정규 프로그램은 물론이고 그간 준비해오던 방송과 이미 제작을 완성해 송출만 남겨둔 프로그램마저 코로나19로 인해 중단되는 일이 비일비재하다. 지역의 한 방송사에서는 두 달간 준비해오던 프로그램 제작이 갑자기 중단됐다. 방송작가들의 원고료는 프로그램 제작 투입 시점부터 책정되는 것이 아니라 송출 여부에 따라 지급된다. 이 때문에 프로그램을 위해 두 달 동안 기획과 제작에 시간과 품을 들인 작가들이 그간의 노동에 대한 보상을 받을 길은 요원해졌다.

'전문직'이란 특정 업종에 대한 지식이나 기술이 필요한 직업을 말한다. 그런 의미에서 보면 방송작가는 방송 관련 특수 원고를 쓰고 제작에 참여하는 전문직에 해당하며, 그러한 전문 인력의 노동 가치가 경력에 따라 충분히 인정받아야 한다. 하지만 지역의 방송작가 업계는 이런 시장의 원리를 너무나 손쉽게 무시한다.

아직도 20년 전 수준에 머물러 있는 원고료에 업무상 신뢰를 보장하는 계약서는 없고, 혹여 업무 중 다치고 아프더라도 보장받을 산재보험 또한 없는 직종……. 이것이 바로 오늘날 방송 전문 인력이라 불리는 지역 방송작가의 위태하고 위험한 현실이다.

경력 20년 차 방송작가이지만, 그동안 "방송작가 월급은 얼마예요?"라는 질문에 선뜻 답해본 적이 없던 나는, 내가 부럽다던 친구에게 아직 나의 현실을 제대로 말해주지 못했다.

지키지

못한 것에 대한

부끄러움

방송작가는 프리랜서다. 프리랜서는 어디에 얽매이는 것 없이 그야말로 프리하게 마음껏 일하고 능력껏 버는 직업이라 알려져 있지만 실상 현실에서의 프리랜서는 방송사가 아무 부담 없이 프리하게 사람을 쓰고 자를 수 있다는 의미에 더 가깝다.

　프로그램 기획에서부터 촬영과 편집, 송출까지 모든 과정이 방송작가의 손을 거쳐야 하는 제작 현실에서 방송작가는 물리적으로 사업장인 방송사로부터 자유로울 수 없다. 그렇다면 방송사는 마땅히 작가들에게 그에 상응하는 정당한 대가를 지급해야 한다. 하지만 지역 방송사들의 처우는 아직도 20년 전에 머물러 있는 수준이다.

일을 한다는 것은 생계와 직결되는 문제다. 그래서 우리는 일터에서 생존해야 한다. 하는 일은 조금씩 다를지 몰라도 우리 모두는 일터에서 생계를 위해, 생존을 위해 조금씩은 부끄러움을 감추고 회피하며 살아간다. 이러한 생존 본능은 작가들로 하여금 스스로의 권리를 내세우지 못하도록 강제했고, 열악한 상황에서 오직 열정만 갈아내던 작가들은 오랜 시간이 지나서야 현 상황의 문제점에 공감하고 비로소 하나둘 목소리를 모으기 시작했다. 그 결과 전국언론노조 방송작가지부(별칭, 방송작가유니온)가 탄생했다.

나는 그곳에서 A를 만났다. 처음 A를 만난 건 일하는 방송사에서 작가들을 대상으로 계약서 체결에 대한 논의가 시작되던 때였다. 생소한 계약서를 받아든 작가들은 어쩔 줄 몰라 당황했고 그중 많은 이가 당시 전국언론노조 방송작가지부 영남지회 부지회장을 맡고 있던 나에게 문의를 해오기 시작했다. 나는 각 지역 방송본부 작가들에게 연락했고, A는 제주방송본부의 대표로 연락을 하게 됐다. 어리지만 의식 있는 작가. 제주방송에 있던 다른 선배 작가가 A를 추천하면서 나에게 소개했던 말이다. 그 말처럼 A는 전국 방송본부 작가 대표들 가운데서도 가장 어렸고, 가장 적극적이었다. 전국 방송본부 작가 대표들과 방송본부장들이 모인 토론 자리에서 누구도 선뜻 입을 열지 못할 때 당당히 작가로서 해야 할 말과 하고 싶은 말을 하며 다른 작가들의 가려운 곳을 긁어주었던 것도 A였다.

자연스럽게 나는 두 달이 넘도록 진행된 사측과의 계약서 조항 조정 문제와 원고료 인상 문제 협의 과정에서 A와 가장 많은 연락을 주고받았다. A는 언제나 당당했다. 그래서 늘 든든했고 의지가 됐으며, 덕분에 나는 적잖이 힘을 받았다. 공식적인 원고료 협상 테이블 마련을 위해 내가 작가 전체를 대표해 나서야 했을 때 그 부담감을 나눠 가져준 것도, 뭔가 판단이 서지 않을 때 길을 함께 찾아준 것도, 그 수많은 과정 중에 나의 하소연을 묵묵히 들어준 것도 모두 A였다. 강물도 틈을 내어주는 곳으로 흐르듯, 시간이 지나고 보니 어느덧 내 마음의 물길은 A를 향해 흐르고 있었다. 나보다 열 살은

족히 어린 후배였지만, 나는 그 누구보다 A에게 의지했고 마음을 기댔다.

그러나 난 A에게 아무런 힘이 돼주지 못했다. 계약서 체결과 원고료 협상 테이블 마련에 대한 논의를 어렵게 마무리 지은 뒤, 대략 한두 번쯤의 개편을 넘기던 때였다. 제주에서 심상치 않은 소식이 날아들었다. 제작국장의 선을 넘는 요구에 정당하게 대응한 어떤 작가가 개편을 앞두고 난데없는 해고 통보를 받았다는 것이다. 그 작가는 바로 A였다.

손이 떨렸다. 누가 봐도 '괘씸죄'에 걸린 것이 분명한데, 프리랜서라는 신분인 우리가 프리랜서 신분의 그녀를 지켜내는 데는 한계가 있었기 때문이다. 우선 전국언론노조 방송작가지부에 이 사실을 알리고, 해당 방송사 작가들의 의견을 모아보기로 했다. 다행히 그간 A가 지나온 행보를 아는 작가들이 음으로 양으로 돕고자 나섰고, 여러 노력 끝에 사건 발단의 장본인인 제작국장이 보직 해임되어 타 지역본부로 옮겨가는 것으로 마무리되었다.

그러나 A는 다시 방송국으로 돌아오지 못했다. 못 한 것인지, 하지 않은 것인지는 나도 알 수 없다. 하지만 분명한 건 우리가 A를 지키지 못했다는 사실이었다. 그렇게 A는 나에게 지켜주지 못했다는 부끄러움을 느끼게 하는 동시에 마음 한 구석에 깊은 미안함을 간직한 사람으로 남았다.

내가 사는 세상에서 이곳이 전부라 여겼던 날이 있었다. 이 일이 아니면 죽을 것만 같던 그때, 나는 A 또한 그러하리라 생각했다. 그 때문에 더 이상 방송밥을 먹지 않게 된 A를 두고 혼자 많은 걱정과 고민을 했다. 차마 전화 한 번 해볼 용기를 낼 수 없었을 만큼. 그러나 우연치 않게 A의 발자취를 발견하게 된 이후 나는 나의 어리석음을 반성하게 됐다. 시간이 지나 들려온 소식으로는 제주를 떠나 서울에 정착했고, 외주 제작사에서 작가가 아닌 촬영과 편집일을 시작했다고 한다. 또 다른 세상에서 너무도 활발하게 자신의 영역을 일구어가는 A의 모습을 보면서, 반가움과 고마움, 그리고 울컥하는 감동과 부러움까지 느꼈다.

또 한 번 이렇게 A는 나를 일깨웠다. 그랬다. 내가 A를 지켜내지 못했던 것이 아니라 오히려 A 자신이 스스로를 너무 잘 지켰던 거였다. 당장 자신의 세상이 될 곳과 그러지 못할 곳에 대한 판단, 자신의 미래가 될 일과 그러지 않을 일에 대한 결정, 지금이 끝이 아니라는 희망에 대한 확신. 그런 현명함으로 A는 내가 보지 못했던 세계에서 더 큰 나래를 펼치며 삶을 일구어가고 있었다. 그렇다. '동백이는 동백이가 지키는 거'였듯, 그녀도 그녀가 지키는 거였다. 애초에 감히 내가 지키고 말고 할 사람이 아니었던 것이다. 그래서 나는 A의 지금을 응원한다, 한껏.

사람들은 생계를 위해 일터에서 생존 투쟁을 한다. 그 과정에서 누군가의 민낯을 보기도 하고, 또한 나의 민낯이 드러나기도 한다. 지나간 일에 대한 후회와 미련에 발목 잡히기도 하고, 또 때로는 어쩔 수 없었다고 자위하며 고이 덮어둔 채 모른 척하기도 한다. 그렇다고 그것이 잘못된 일은 아닐 것이다. 밥 벌어 먹고사는 숭고함이란 이런 비굴함도 포함하는 일일 테니까. 그렇게 오늘도 나는 생존과 생계 사이에서 어려운 줄타기를 하는 중이다.

방송작가도
노동자다

살면서 두 번의 '시위 현장'을 경험했다. 2001년과 2021년, 꼭 20년의 간격을 두고. 2001년 나는 대구MBC 건물 앞에서 검은 조끼를 입은 사람들을 만났다. 며칠째 방송국 정문 앞을 지키고 앉아 있다던 그들은 동료 작가의 해고가 부당하다고 주장하고 있었다. 얼마 전 있던 개편 때 동료 작가가 피디의 말 한마디로 해고당했기 때문이다.

봄가을 개편 때마다 조립제품을 부수고 만들듯 프로그램을 없애고 만들며, 부품 몇 개 빼내듯 작가들의 자리를 빼버리는 어이없는 상황이 마치 방송계의 고유한 문화라도 되는 양 자행되고 있었다.

프리랜서. 지금이야 이 말이 어디서나 흔하게 사용되지만 1999년 말 내가 방송작가로 일을 시작할 당시 그 말은 아주 생소한 것이었다. 주위들은 바로는 4대 보험이 되지 않고 퇴직금이 없다는 것 정도가 프리랜서라는 개념을 설명하는 전부였다.

해당 방송국에서 약 7년간 TV 프로그램 메인작가로 주 6회 이상 출근해 상근하며 국장과 팀장, 피디의 업무 지시를 받으며 일하는 동안, 나는 업무 공간과 조건에서도 그리고 사내 조직의 일원으로서도 직원과 프리랜서의 차이를 끝내 파악할 수 없었다. 하지만 그 차이는 존재의 가벼움으로 쉽게 치환됐다. 필요할 땐 가족 같은 동료이다가 그렇지 않을 땐 순식간에 남이 되고, 오늘 일 잘해놓고 내일 잘라버릴 수 있는 프리랜서 활용법이 그 증거였다.

6개월마다 함께 일하던 동료가 해고되는 모습을 목격해야 하는 일터. 작가들은 더 이상 자신들이 느끼는 부당함을 직업적 숙명으로 받아들일 수 없었다. 그래서 펜을 놓고 검은

224

조끼를 입었다.

당시 대구 지역 민영 방송사에서 근무하고 있던 나는 아무 것도 모르고 선배를 따라나섰다가 그 어마어마한 현장을 마주했다. 방송작가의 자리는 방송사에 의해 언제든 없어질 수 있음을 어쩔 수 없는 운명이라며 내림굿처럼 세뇌 받아온 나에게 그들이 보여준 저항의 몸짓은 그야말로 충격이었다. 잘못된 것을 잘못되었다고 말할 수 있는 용기와 그 용기의 원천이 되는 연대의 힘이 그곳에 있었다.

그때 대구MBC 작가들의 부당해고와 고용불안으로 촉발된 저항의 불씨는 (정규직 중심으로 구성된 노동계의 견고함을 넘지 못하고) 미처 타오르지도 못한 채 사그라지고 말았지만, 예닐곱 명의 여성 방송작가들이 크고 차가운 콘크리트 건물 앞에서 꼿꼿하고 야무지게 검은 바위처럼 앉아 있던 모습은 아직도 내 기억 속에 강렬하게 남아 있다.

그로부터 꼭 20년이 지난 2021년, 나는 서울 상암MBC 앞에 섰다. '일 시킬 땐 직원처럼, 해고할 땐 프리랜서'라는 문구가 적힌 1인 시위 피켓을 들고서. 2020년 6월 MBC는 10여 년간 매일 새벽에 출근해 성실히 근무하던 보도국 소속 작가

두 명을 인적 쇄신과 개편이라는 명분으로 별안간 해고했다. 작가들은 10년 가까이 매일 새벽 3시 30분까지 MBC 보도국으로 출근해 차장과 부장, 부국장의 아이템 선정과 지시에 따라 아침 뉴스 원고를 쓰고 검수까지 받으며 일해왔다고 한다. 일하는 동안은 모두가 유기적으로 협력하는 노동자였지만, MBC는 해당 작가들을 두고 독자적으로 일하는 프리랜서일 뿐이라며 관계에 선을 그었다.

20년이 지나도록 개편을 명분으로 방송사가 방송작가를 벼락 해고하는 일은 여전했지만, 이번에는 달랐다. 작가들은 포기가 아닌 싸움을 선택했고, 방송계의 잘못된 관행에 정면으로 맞서기로 했다.

언론노조 방송작가지부가 힘을 보탰다. 지역을 불문하고 많은 작가들이 서울까지 와 1인 시위에 동참했고, 해고 당사자인 두 작가는 서울지방노동위원회에 부당해고 구제신청을 냈다. 결과는 각하였다. 방송작가는 근로기준법상 노동자로 볼 수 없다는 것이 그 이유였다. 그러나 포기하지 않았다. 다시 중앙노동위원회에 재심 판정 요청을 했다. 그리고 2021년 3월 19일 오후 8시, 마침내 '초심 취소'라는 결과를 받아냈다.

프리랜서라는 신분과 업무상 재량권 등 방송 제작의 특수성을 감안하더라도 작가들이 문화방송 정규직 상급자들에게 상당 부분 종속된 관계로 근로를 제공해왔음을 인정받은 것이다. 그리고 이는 방송작가가 '근로기준법상 근로자'로서 지위를 인정받은 첫 번째 사례가 됐다. 금요일 늦은 오후, 소식을 전해 들은 전국의 방송작가유니온 소속 작가들은 각자가 있는 곳에서 눈물을 흘렸다.

E. H. 카는 "역사란 현재와 과거의 끊임없는 대화"라고 했다. 2001년과 2021년의 시위, 이 두 사건은 나에게 그러한 역사적 상호작용으로밖에 설명할 길이 없다. 20년 전 선배 방송작가들의 용기가 지금의 우리를 움직이는 씨앗이 돼주었고, 지금 우리의 용기와 의지는 과거의 실패 위에서 더욱 단단해질 수 있었다고 믿는다.

만일 이번 중앙노동위원회 판정이 원하는 대로 나오지 않았다고 하더라도 방송작가들은 포기하지 않았을 것이다. 좌절하기보다 어제보다 한 발 더 나아가며 내일 또다시 도전했을 것이다. 간절함은 언제나 용기와 동력이 된다. 그런 의미에서 방송작가의 근로자성을 인정한 중앙노동위원회의 역사적 판결은 새로운 시작을 알리는 외침이며, 방송작가들은 다시 그렇게 용기를 내어 또 한 걸음 앞으로 힘차게 나아가는 중이다.

빛 좋은 개살구, 인디펜던트 워커

코로나19의 등장은 우리 사회의 많은 기준을 흔들어놓았다. 난생처음 겪는 상황 앞에서 모두들 '위기'를 얘기했고, 그 위기 속에서 노동 시장에는 '인디펜던트 워커independent worker'라는 말이 등장했다. 인디펜던트 워커란 기업의 성쇠와 경제 흐름의 변화 등 수많은 외부 변수에도 결코 흔들리지 않고 독립적이면서 자유롭게, 또 주체적으로 일할 수 있는 사람을 가리킨다.

코로나19로 인해 해고와 실직이 가시화되면서 노동 시장이 불안해지자 인디펜던트 워커라는 새로운 직업의 형태가 사람들에게 하나의 해법으로 떠올랐다. '평생직장'이 아닌 '평생직업'이 중요해진 시대에 자신만의 독립적인 기술과 핵심 역량을 키우고 스스로를 브랜딩하는 것은 불안정한 노동 시장에서 살아남을 새로운 돌파구로 여겨진다. 하지만 어느 정도는 맞고 또 어느 정도는 틀린 말이다. 적어도 내가 일하고 있는 방송작가란 직업 부류에서는.

'인디펜던트 워커'라는 세련되고 매력적인 말이 등장했을 때, 나는 조금도 놀랍지 않았다. 방송작가인 나는 오래도록 인디펜던트 워커였다. 방송 프로그램 기획과 제작, 원고 작성까지 방송 관련 핵심 역량을 갖고 있으며, 프로그램을 기획하는 순간부터 송출할 때까지 방송 제작 전반에 관여하는 필수 인력이자, 특정 조직에 소속되지 않고 자유롭게 방송사와 프로그램을 오가며 일하는 등 어느 면으로 따져도 인디펜던트 워커로 보이기 때문이다.

그러나 실상은 어떨까. 우선 기획과 제작, 원고 작성에서 그렇게 '독립적'이지 못하다. 그런데도 특정 조직에 소속되지 않고 개별적으로 자유계약에 의해 일하기 때문에 감내해야 하는 것들도 많다. 이를테면 계약서 없이도 일해야 하고, 약속했던 원고료를 못 받는 경우도 있으며, 오랜 시간 공들인 기획이 아무런 대가 없이 무산되기도 한다. 물론 항의를 하거나 법적으로 대처할 수 있다. 그러나 조직과 개인의 관계에서 여러 가지 계약상 문제나 부당한 일이 발생할 경우 개인이 조직을 상대로 동등하게 권리를 행사할 가능성은, 아주 없진 않으나 지난 경험으로 미뤄볼 때 불가능에 가깝다. 시간과 비용, 심리적인 소모 측면에서 개인의 손해가 더 클 게 불 보듯 뻔하기 때문이다.

그래서 인디펜던트 워커란 많은 경우 '개인 하청 노동자'와 다름없는 말이다. 기술이든, 재능이든, 시간이든 독립적인 노동자가 수익을 내기 위해서는 그 핵심 역량을 어딘가에 팔아야 하고, 그러기 위해서는 필연적으로 그것을 원하는 기업과 연결될 수밖에 없다. 그러나 사실상 기업과 개인이 평등하게 관계를 맺기란 쉽지 않은 일이다. 여기서 '갑'과 '을'이 등장하는 것이다.

'인디펜던트 워커'는 개인의 능력이 극대화된, 주체적으로 일하는 멋있는 노동자를 뜻하기도 하지만, 한편으론 회사 없이 홀로 일하는 비정규 특수고용의 형태를 긍정하는 말이자, 기업의 구조조정과 고용 회피를 독립적이고 유능한 노동자가 되기 위해 '노오력'하지 않는 개인의 책임으로 돌리는 단어이기도 하다. 정당한 노동과 그에 상응하는 대가가 교환되지 못해 발생하는 노동문제에서도 기업과 조직의 의무는 삭제되고 개인의 능력 부재라는 책임만 남을지 모른다.

내가 인디펜던트 워커란 말에 '혹'하지 않는 건 이것이 새로운 영역의 직업이어서가 아니라, 전혀 새로울 것 없는 부당한 노동의 형태를 당연한 것인 양 고착화하는 말 같아서다. 과거에도 현재에도 미래에도 열심히 일하는 사람은 존재한다. 다만 프리랜서, 특수고용직, 인디펜던트 워커 등 그에 붙은 이름만 다를 뿐이다.

코로나 이전 인디펜던트 워커의 노동과 코로나 이후 인디펜던트 워커의 노동은 어떻게 다를 수 있을까. 과연 코로나 시대 인디펜던트 워커는 새로운 노동의 형태를 제시할 수 있을까. 지난 20년을 이른바 인디펜던트 워커로 살아온 나는 아직 잘 모르겠다. 다만, 모르겠다고 해서 방향을 잃은 것은 아니다. 자본의 힘이 씌우는 허울 좋은 이름에 혹하지 않고,

내가 하는 일에 대한 가치를 우선으로 두며, 정정당당히 대가를 받으며 일하는 사람으로서 뚜벅뚜벅 걸어갈 것이다. 일하는 사람이라면 누구나 최소한의 인간적 존중과 좋은 삶에 기여하는 노동을 요구할 권리가 있다는 정도는 알기 때문에.

나의 자리는
어디일까

처음 방송사에서 구성작가로 일하던 20대의 나는 책상에 개인 물건은 볼펜 한 자루도 놔두지 않았다. 어느 날 프로그램이 없어지면서 졸지에 자리를 잃은 한 선배가 그간 쓰던 물건을 두 손 가득 챙겨 들고 나가던 힘없는 모습을 본 이후부터였다.

프리랜서인 방송작가의 자리란 본인 의사와 상관없이 6개월 단위 개편에 따른 프로그램 신설과 폐지 여부에 좌우된다는 걸 그때 알았다. 그리고 자의에 의한 혹은 정년에 의한 아름다운 퇴사란 프리랜서 방송작가에게는 존재하지 않는다는 것도.

그래서 나는 늘 초라하지 않은 마지막을 생각하곤 했는데, 그건 바로 회사에 아무 흔적도 남기지 않는 거였다. 그날의 퇴근이 퇴사가 되어도 자연스러울 수 있도록. 어쨌든 그렇게 나는 내 첫 방송사 7년의 근무를 자연스러운 퇴근으로 마무리할 수 있었다.

얼마 전, 방송을 위해 조금 일찍 출근했을 때 스튜디오 문이 잠겨 있었다. 지금 내가 일하는 방송국은 작가실이나 작가들의 자리가 따로 마련돼 있지 않고, 방송 스튜디오 내 책상 하나를 여러 작가가 프로그램 시간대별로 돌아가며 쓰고 있는데, 그곳의 문이 잠긴 것이다. 어떤 부서가 회의를 하느라 다른 사람들의 출입을 막으려고 그랬다는데, 순간 나는 갈 곳이 없어졌다.

출근은 했으나 있을 곳이 없어진 나는 당황했다. 어디로 가야 하지? 어디에 있어야 하지? 그 순간 내가 일터라 생각한 곳이 한없이 낯설게 느껴졌다. 분명 10년 가까이 일해오고 있는 곳인데도 이곳에 막상 나의 자리는 없었다. 나는 오랜 만에 당황과 당혹, 안절부절못한 기분을 느껴야 했다.

자리는 존재에 대한 인정이다. 학교에 들어가거나 회사에 들어가면 우리는 교실과 책상을 부여받는다. 그것은 한 사회 구성원으로서 존중받을 권리가 있는 존재임을 인정한다는 의미다. 그러하기에 김현경 작가가 《사람, 장소, 환대》에서 말하듯 "장소에 대한 투쟁은 인정을 요구하는 투쟁이기도 하다". 지금도 많은 사람들이 자리 확보를 위한 투쟁을 한다. 노동은 존재하나 노동의 주체는 가려진 곳에서 사람들은 최소한의 휴게 공간과 안전한 근무 공간을 확보하기 위해 목소리를 내고 있다. 김현경 작가는 또 "우리는 환대에 의해 사회 안에 들어가며 사람이 되고, 사람이 된다는 것은 자리를 갖는다는 것이며, 환대는 자리를 주는 행위"라고 말한다. 집에 손님이 찾아오면 먼저 방석부터 내어주는 것도 그런 의미에서일 것이다.

그러나 이 사회에서 약자의 자리는 대체 어디에 있을까. 모든 구성원이 각자 지닌 힘의 순서대로 자리의 크기와 위치를 배치하고 난 뒤 주어지는 곳, 그러다 공간의 변경이 필요할 땐 가장 먼저 제거 대상이 되는 곳, 그래서 필요하지만 보고 싶지 않고 인정하고 싶지 않은, 부정되는 존재의 공간일 뿐이다.

방송사 내 방송작가의 자리 제공은 의무가 아니다. 설령 있다고 해도 조직 일원의 자격으로서 부여되었다기보다는, 도서관 열람실처럼 공공 공간으로서의 의미를 지닐 뿐이다. 내가 일하고 있는 방송사는 작가들에게 매일 출근을 권하면서도 작가들의 책상은 따로 두지 않고 있다. 그렇다면 매일 방송 제작에 참여하고 원고를 쓰는 나는 이 방송사의 조직 구성원으로서 인정을 받은 것일까 아닐까. 또한 한 사회의 구성원으로서 환대를 받은 사람일까 아닐까.

오늘 내가 앉아 있으나 내일 내 것이 아닐 수 있는 자리와 아예 처음부터 주어지지 않는 자리, 있더라도 누군가 필요하다면 언제든 쉽게 없애버릴 수 있는 자리. 그 가운데 사람을 위한 진짜 자리는 어디일까.

절이 싫으면 중이 떠나라고 했지만, 중은 떠날 수 있는 사람이 아니다. 존재함으로써 변화를 이끌어내야 하는 소명이 있기 때문이다. 중이 떠나는 순간 절의 부조리는 더욱 강화될 뿐이다. 방송국이 싫으면 떠나면 그만이다. 그러나 방송

바닥에서 방송작가로 20년 이상 버텨온 나에게도 책임 아닌 책임과 사명이 있다고 생각한다. 뒤에 따라올, 방송작가가 꿈인 세대들이 조금 더 안정적인 대우를 받으며 일할 수 있는 환경을 만드는 것. 그것은 오직 그 길을 먼저 걸어간 사람만이 도전하고 성취할 수 있는 과제가 아닐까. 그렇게 나는 결코 불안정한 자리 때문에 고민하지 않고, 더 좋은 원고와 방송을 먼저 고민할 수 있는 시간을 뒤에 오는 작가들에게 물려주고 싶다.

공감과
연대를
생각하며

일주일에 한 번 열리는 독서모임에 상당 기간 참여한 적이 있다. 오전 11시라는 시간 조건상 참여자는 대부분 오전에 시간을 내기 편한 주부들이었다. 그런데 막상 모임을 거듭하다 보니 책 읽자고 모인 자리가 이상한 방향으로 흐르기 시작했다.

시작은 늘 책이었으나 어느 순간 각자의 이야기를 풀어놓기 시작한 것이다. 행복의 이유는 비슷하지만 불행의 이유는 제각각 다르다는 말처럼, 사람들이 저마다 품은 사연은 다양했다. 아무도 알아주지 않는 가사노동의 고단함부터 누구에게도 이야기하지 못한 가정사까지. 대개 어디 가서 말하자니 못난 사람 되는 것 같고, 그렇다고 입 닫고 있자니 서럽고 억울해서 못 견디는 이야기들이었다. 이름 석 자 빼고는 아는 것 없는 사람들이지만, 모두 서로의 이야기에 함께 눈물을 쏟아내고 등을 어루만지며 위로했다.

신기하게도 한동안 그런 과정을 거치고 나면 사람들은 다시 얼마간의 긍정을 되찾고 전보다 한결 밝아졌다. 따지고 보면 본질적인 문제가 해결된 것은 아니었다. 다만 속에 있던 응어리를 쏟아내고 걷어내자 억눌려 있던 해결 의지와 삶에의 긍정이 자연스럽게 드러났을 뿐이다. 소리 내어 말할 수 있고, 내 말을 들어주는 사람이 있다는 것. 공감과 이해를 관통하는 그러한 경험은 사람들에게 치유와 더불어 스스로 삶을 주도하는 힘의 원천이 돼주었다.

처음 사회생활을 시작했던 스물셋 나에게 가장 필요했던 것도 내 이야기를 들어줄 누군가였다. 억울하고 서럽고 부당한 일은 넘쳐나는데, 주변에는 입 닫고 가만히 있으라는 사람들뿐이었다. 누구 하나 공감하고 들어주는 이 없는 시간

속에서 나의 마음은 곪을 대로 곪아갔다.

그러다 방송작가 생활 20년 만에 방송작가유니온이라는 노조 형식의 단체가 생겼다. 처음 전국 간담회가 열리던 날, 작가들은 저마다 십수 년 가슴속에 묵혀둔 이야기를 끄집어 냈다. 누가 더 힘든가. 어느 방송사가 더 열악한가. 그야말로 '전국사연자랑'이었다. 그래도 슬프거나 우울하지 않았다. 공 감이라는 바탕이 오히려 서로를 유쾌하게 해주었기 때문이 다. 그동안 어디서도 하지 못한 이야기를 쏟아낸 작가들은 한바탕 지난날 쌓인 감정의 더께를 걷어내고 구조적인 문제 해결을 위해 무엇을 해야 할지 고민하기 시작했다.

공감과 연대에 대해 생각한다. 어려움을 나누고 함께 이야 기하며, 서로를 돕기 위해 힘을 쏟는 일은 사람이 사람에게 할 수 있는 기본적인 마음씀이다. 같은 일을 하고 같은 고민 을 하는 사람들이 모이면 인간은 그 안에서 위로를 받고 내 일을 살아갈 힘을 얻는다.

좋은 일과 노동의 관계에 대해 오래도록 연구해온 황세원 작가는 《말랑말랑한 노동을 위하여》라는 책을 통해 노조인 듯 노조 아닌 '연대'의 필요성을 말한다. 좋은 노동 환경을 위해서는 "일하는 사람들이 필요한 보호 장치와 개선책들을 스스로 고안하고 요구해서 관철시킬 수 있도록 해야" 하며, 그러한 형식은 꼭 노동조합이 아니어도 된다고 말한다.

최근 밀레니얼 세대인 MZ세대 노조는 시간과 장소에 구애받지 않고 온라인/오픈 채팅방을 통해 순식간에 모였다고 한다. 직종과 세대가 다양해진 만큼 모이고 소통하는 방법은 다를 수 있다. 여기서 중요한 것은 단체의 형식이 아닌, 모이고 소통하는 행위에 있다. 노동이 유연해질수록, 사회가 개인화될수록, 일하는 사람들에게는 연대가 필요하기 때문이다.

얼마 전 방송작가유니온 노보 창간호에 이런 글을 실었다. "노조를 한다는 것은 외로움에서 벗어나는 일이다. 어디 말할 곳도, 어디 기댈 곳도 없어 외면받던 삶에서 공감과 이해가 있는 삶의 영역으로 들어가는 길이기 때문이다." 그러하기에 나는 어디서 누구와 일하건 더 많은 사람들이 노동의 고단함을 이야기하고, 서로의 마음을 나누며 씨줄과 날줄로 촘촘히 엮이길 바란다.

어느

문필노동자의

노마드 라이프

어린 시절, 넉넉지 않은 형편에 할머니까지 모셔야 했던 우리 가족은 모두가 한 방에 모여 살았다. 방이 하나일 때도, 방이 두 개일 때도. 거실이라는 공간이 제대로 분리되어 있는 집은 고등학생이 되어서야 경험할 수 있었으므로 그전까지는 방 생활을 했는데, 다섯 식구가 방에서 생활하는 일은 늘 고되었다. 입고 먹는 일도, 자고 쉬고 노는 일도, 때로는 손님 치르는 일까지 모두 한 방에서 이루어졌기 때문이다.

그런 상황에서 내 공간, 내 방을 갖는 일은 꿈도 꿀 수 없었다. 내 공간이 없다는 말은 내 책상도 내 옷장도 내 침대도 없다는 말과 같다. 그것은 곧 일기를 써도 남몰래 둘 곳이 없으며, 친구에게 선물을 받아도 소중하게 보관할 곳이 없고, 모두가 잠든 밤에 구석에서 이불을 뒤집어쓰지 않으면 혼자 가만히 누워 생각할 시간조차 없음을 의미한다. 그렇게 모든 것을 나누고 내어주어야 했던 생활은 내 나이 스물아홉 결혼을 할 때까지도 계속되었다.

결혼은 나에게 어마어마한 사건이었다. 처음으로 내 공간을 갖게 된 계기였기 때문이다. 아무도 침범하지 않는 공간에 내 침대를 놓고 책상을 놓고 꿈에 그리던 책장과 옷장을 놓으며 내 물건들로 내 공간의 면적을 확인해가는 과정은 마치 그 옛날 광개토대왕이 깃대를 꽂으며 만주까지 국경을 넓히며 느꼈을 성취감과 다르지 않을 만족과 행복감을 안겨주었다.

그러나 그 물리적 공간의 확장과 성취가 내 삶의 질을 높이는 창작과 사유와 자유가 아닌, 오로지 노동으로의 귀결이었음을 깨닫는 데는 그리 오래 걸리지 않았다. 해도 티가 나지 않고 하지 않으면 끔찍해지는 가사노동은 내게 다른 무언가를 시도할 여유를 주지 않았고, 아이의 의식주를 책임져야 하는 보호자로서의 돌봄 노동은 정작 내 인생을 돌볼 수 없게 만들었다. 익숙하고 익숙해서 눈 감고도 노동이 가능한 공간에서 더 이상 아무것도 할 수 없게 되었다.

나는 탈출을 시도했다. 우선 집이 아닌 곳에서 나만의 시간을 가져야 했다. 그리하여 일을 시작했고, 그렇게 나는 집을 벗어날 명분을 얻었다. 그사이 아이들은 커갔지만, 그렇다고 다시 집에 머무는 시간을 늘리지는 않았다. 내가 오롯이 나를 느끼며, 20대의 나와 지금의 내가 다르지 않다고 느껴질 만큼의 즐거움을 얻기 위해서는 집과 단절되어야만 했기 때문이다. 그런 일련의 과정을 거치며 나는 내 공간과 시간을 만든다는 것이 물리적 소유의 개념만은 아니라는 사실을 깨달았다.

이제는 공간보다 오히려 시간에 대한 소유가 더욱 절실해졌다. 그러나 여러 가지 이유로 시간 활용이 자유롭지 못한 상황에서는 한정된 공간 안에서 물리적으로라도 내 공간을 확보해 시간을 보장받을 필요가 있었다. 어느 정도 아이들이 성장해 공간과 시간에 자유가 주어졌다 하더라도 자칫 긴장을 늦추면 내 것도 네 것도 아닌 채 시간을 흘려보내게 된다는 것도 경험했다.

지금 내게 필요한 것은 모든 주변의 것들과 '단절된 시간이 주어지는 공간'이다. 오로지 지금 이 자리에 나만 존재하는 시간, 나라는 사람으로서의 존재만 머무르는 공간. 내가 세상의 중심이 된 채 떠오르는 모든 것들에 대한 사유를 엮어 하나의 결과물로 만들어낼 수 있는 최소한의 조건. 그러기 위해서는 익숙하지 않은 공간이 나에겐 최적이다. 나라는 사람과 연결되는 어떤 고리도 없는, 늘 이방인이 될 수 있는 곳 말이다.

코로나19라는 어마어마한 역병이 찾아오자 사람들은 집안에 사무실과 헬스장을 만들며 안으로 안으로 숨어들었지만 나는 거꾸로 밖으로 나갔다. 약간의 낯섦과 이방인으로서 주변을 살피지 않아도 되는 편안함이 공존하는 공간을 찾아 노트북 하나 들고 여기저기 기웃거리기 시작한 것이다. 이제는 토요일도 일요일도 여차하면 노트북과 책 한 권 챙겨 들고 카페로 향한다. 그것이 가족에게도 자연스러운 아내와 엄마의 모습이 됐다. 다행한 일이다.

그렇게 노마드 생활을 하며 떠돈 지도 어언 1년이 넘어간다. 그동안 몇몇 곳의 카페를 점찍어두었다. 비 오는 날 가기 좋은 곳, 집중해서 글 쓰기 좋은 곳, 일하다 누굴 불러 만나도 좋은 곳, 이동거리가 짧아 가기 편한 곳 등등 여러 가지 조건에 부합하는 아지트를 곳곳에 마련해둔 나는, 불러주는 곳 없으나 갈 곳 많은 사람이 되었다.

그런데 이쯤에서 이런 질문을 하게 된다. 왜 굳이 밖으로 나가 아무도 부탁한 적 없는 글을 꾸역꾸역 써대느냐고. 이상하게 들릴지 모르지만 글을 쓰는 행위는 스스로 제법 괜찮은 사람이란 착각을 하게 한다. 하루에도 수없이 오가는 감정들을 잡아 나열해놓고 가만히 들여다보면 거기에도 다 이유가 있다. 그 이유란 아주 개인적인 것일 수도 있고, 개인적이라 생각했으나 뿌리 깊은 사회 부조리에 기인한 것일 수도 있다. 그런 사고의 확장은 나의 삶과 나와 비슷한 타인의 삶까지 들여다보게 하고, 내가 느낀 감정이 공연한 것이 아니었음을 깨닫게 한다. 물론 저 혼자 넘치는 감정으로 일을 그르쳤다는 결론에 다다를 땐 반성도 하게 되지만.

어쨌든 밖으로 나가 글을 쓰는 일련의 과정은 어느 순간

나 스스로 성장해가고 있다는 생각, 그리고 제법 괜찮은 사람이 되어가고 있다는 자부심을 느끼게 했다. 이제는 쓰지 않는 사람이 되는 것이 더 어려워졌다. 그리하여 가능하면 앞으로 더 많은 나만의 공간을 물색하는 것을 즐거움이자 보람으로 삼으려 한다. 낯섦이 주는 관점의 전환, 타자로서 느끼는 세상의 공기, 어색한 사람들의 시선을 즐기는 나는 아무래도 역마살을 이겨낼 재간이 없기 때문에.